Samuel Moser
Versöhnung (er)leben
... damit Wunden heilen können

Samuel Moser

Versöhnung [er]leben

... damit Wunden heilen können

Samuel Moser
Versöhnung (er)leben
... damit Wunden heilen können

Bestell-Nr. 271.002
ISBN 978-3-86353-002-0
Soweit nicht anders vermerkt,
wurde die folgende Bibelübersetzung verwendet:
Die Bibel nach der Übersetzung Martin Luther in der revi-
dierten Fassung von 1984. Durchgesehene Ausgabe in neuer
Rechtschreibung. © 1999 Deutsche Bibelgesellschaft, Stuttgart
Darüber hinaus wurde die folgende Übersetzung verwendet:
Revidierte Elberfelder Bibel © 1985/1991/2008 SCM R.Brockhaus
im SCM-Verlag GmbH & Co. KG, Witten

Leider war bei einigen Zitaten die Quelle nicht eindeutig zu
ermitteln. Im Einzelfall bitten wir, sich mit der Christlichen
Verlagsgesellschaft Dillenburg in Verbindung zu setzen, sodass
entsprechende Änderungen vorgenommen werden können.

1. Auflage
© 2013 Christliche Verlagsgesellschaft, Dillenburg
www.cv-dillenburg.de
Satz: Christliche Verlagsgesellschaft Dillenburg
Umschlaggestaltung: Jens Vogelsang
Umschlagmotive: fotolia.com
Blumenmotiv S. 3: pupunkkop/Shutterstock
Druck: CPI Moravia
Printed in Czech Republic

Für Susanne, Andreas und Regula

Inhalt

Einführung

Perlen entstehen als Reaktion auf Verwundungen. Parasiten oder Fremdkörper dringen in das Innere einer Auster und verletzen das Mantelgewebe des Weichtieres. Dort bildet sich eine Zyste. Dann wird Schicht um Schicht Calciumcarbonat abgeschieden. So entstehen schlussendlich kostbare Perlen.

Verzeihen, Vergeben, Versöhnen sind nicht die natürlichen Reaktionen auf erlittene Verletzungen und tief sitzende Verwundungen. Wem Böses angetan wird, der sinnt auf Vergeltung: Unrecht gebiert Unrecht. Weil dies allgemein anerkannt wird, gehören Großmut und die Bereitschaft, erlittenes Unrecht zu vergeben, zu den Idealen einer fortschrittlichen Zivilisation. Aber wie sieht die Wirklichkeit aus? Woran sollen wir uns orientieren? Woher nehmen wir die Kraft, um zu vergeben, uns zu versöhnen?

Vergebung ist ein Begriff, der mit menschlichen Beziehungen zu tun hat: mit Eltern, Geschwistern, Lehrern, Vorgesetzten und Mitarbeitern, mit den

Christen, mit denen wir in die gleiche Gemeinde gehen.

„Vergebt, so wird euch vergeben!", sagt das Evangelium. Der Gekreuzigte hat uns vorgelebt, was das heißt. Er bat in seinen letzten Worten um Vergebung für seine Feinde: „Vater, vergib ihnen; denn sie wissen nicht, was sie tun!" (Lukas 23,34). Vergebung hat mit unserem Wollen, mit einer bewussten Entscheidung zu tun. Manchmal muss es einseitig geschehen, weil der andere keine Reue zeigt oder weil die betroffene Person nicht erreicht werden kann oder gestorben ist. Wenn wir nicht vergeben können, bringen wir uns um die Chance, uns mit dem anderen, aber auch mit uns selbst zu versöhnen. Vergebung ist ein Willensakt, Versöhnung das nachfolgende Geschenk.

Unabhängig von anderen Menschen braucht unser Leben Versöhnung: mit dem, was aus uns geworden ist, mit der Zeit, in der wir leben, und mit den Umständen, in die wir hineingeboren wurden. Aber auch die Unfertigkeit und die Endlichkeit unseres Lebens bedürfen der Versöhnung. Deshalb der dringende Appell des Apostels Paulus: „Lasst euch versöhnen mit Gott!" (2. Korinther 5,20). Das biblische Verständnis von Versöhnung ist vielschichtig. Es geht um das stellvertretende Opfer Jesu, um die Erlösung von der Macht der Finsternis, um eine neue Identität, um Erneuerung und Heilung. Versöhnte werden einmal den sehen, der unter uns das Wort von der Versöhnung aufgerichtet hat: Jesus Christus. Er allein vermag aus Wunden Perlen zu machen.

Das vorliegende Buch nimmt Themen aus den verschiedensten Denk- und Lebensbereichen auf und versucht, mithilfe von vielen Beispielen und Zitaten Wege der Versöhnung und des Friedens aufzuzeigen. Es will Mut machen, das, was wir glauben und bekennen, in Wort und Tat umzusetzen.

1

Genügt siebenmal?

Da trat Petrus zu ihm und fragte:
Herr, wie oft muss ich denn meinem Bruder,
der an mir sündigt, vergeben? Genügt siebenmal?
Jesus sprach zu ihm: Ich sage dir: nicht siebenmal,
sondern siebzigmal siebenmal.

Matthäus 18,21.22

Der Urwaldarzt Albert Schweitzer (1875–1965) erklärte den Schwarzen von Lambarene im zentralafrikanischen Gabun das 70-mal-7-Prinzip wie folgt:

„Kaum dass du morgens auf bist und vor deiner Hütte stehst, kommt einer, den alle Leute als bös kennen, und beleidigt dich. Weil der Herr Jesus sagt, dass man verzeihen soll, schweigst du, statt das Palaver zu beginnen.

Nachher frisst dir die Ziege des Nachbarn die Bananen, die dein Mittagessen abgeben sollten. Statt mit dem Nachbarn Streit zu beginnen, sagst du ihm nur, dass es seine Ziege war und dass es gerecht wäre, wenn er die Bananen ersetzte. Aber wenn er dann widerspricht und behauptet, es sei nicht seine Ziege gewesen, gehst du still fort und denkst daran, dass der liebe Gott dir in deiner Pflanzung so viel Bananen wachsen lässt, dass du wegen diesen keinen Streit anzufangen brauchst.

Nachher kommt der Mann, dem du zehn Büschel Bananen mitgegeben hast, damit er sie mit den seinen auf dem Markt verkauft, und bringt dir nur das Geld für neun. Du sagst, das sei zu wenig. Er aber entgegnet, du hättest dich verzählt und ihm nur neun Büschel mitgegeben. Schon willst du ihm ins Gesicht schreien, dass er ein Lügner ist, da musst du aber daran denken, wie viel Lügen, die nur du allein kennst, dir der liebe Gott verzeihen muss, und gehst still in deine Hütte.

Beim Feuermachen wirst du dann gewahr, dass dir jemand von dem Holz, das du gestern aus dem Wald geholt hast und das dir für eine Woche zum Kochen genügen sollte, weggenommen hat. Noch einmal zwingst du dein Herz zum Vergeben und siehst davon ab, bei allen Nachbarn nachzuschauen, wer dein Holz haben könnte, und den Dieb beim Häuptling zu verklagen.

Nachmittags beim Aufbruch zur Arbeit in der Pflanzung entdeckst du, dass einer dein gutes Buschmesser weggenommen und dir sein altes, schartiges an seine Stelle gelegt hat. Du weißt, wer es ist, denn du erkennst das Buschmesser. Da denkst du, dass du viermal verziehen hast und dass du es auch noch ein fünftes Mal fertig bringen wirst. Obwohl es ein Tag war, an dem du viel Unangenehmes hattest, fühlst du dich so froh, als wäre es einer der glücklichsten. Warum? Weil dein Herz darüber glücklich ist, dass es dem Willen des Herrn Jesus gehorsam war.

Am Abend willst du fischen gehen. Du langst nach der Fackel, die in der Ecke der Hütte stehen soll, aber sie ist nicht da. Da kommt der Zorn über dich und du denkst, dass du heute genug vergeben hast und dass du jetzt dem auflauern willst, der mit deiner Fackel zum Fischen ging. Aber noch einmal wird der Herr Jesus Meister über dein Herz. Mit einer beim Nachbarn geliehenen Fackel gehst du ans Ufer hinunter.

Dort entdeckst du, dass dein Boot nicht da ist. Ein anderer ist damit zum Fischfang gefahren. Zornig versteckst du dich hinter einem Baum, um auf den zu warten, der dir dieses angetan hat, und hast vor, ihm bei seiner Rückkehr alle Fische wegzunehmen und ihn beim Bezirkshauptmann zu verklagen, dass er dir eine Buße zahlen muss, wie es recht ist. Aber während du wartest, fängt dein Herz an zu reden. Immer wiederholt es den Spruch Jesu, dass uns Gott unsere Sünden nicht vergeben kann, wenn wir den Menschen nicht vergeben. Das Warten dauert so lange, dass der Herr Jesus noch einmal Meister über dich wird. Statt mit den Fäusten auf den andern loszugehen, als er endlich bei Tagesgrauen zurückkehrt und vor Angst niederfällt, wie du hinter dem Baum hervortrittst, sagst du ihm, dass der Herr Jesus dich zwingt, ihm zu vergeben, und lässt ihn ruhig gehen. Selbst die Fische verlangst du ihm nicht ab, wenn er sie dir nicht freiwillig überlässt. Aber ich glaube, er gibt sie dir, vor lauter Erstaunen, dass du keinen Streit mit ihm anfängst.

Nun gehst du heim, froh und stolz, dass du es über dich gebracht hast, siebenmal zu vergeben. Aber wenn an jenem Tag der Herr Jesus in dein Dorf käme und du vor ihn trätest und meintest, er würde dich vor allen Leuten dafür loben, dann würde er zu dir sagen wie zu Petrus, dass siebenmal nicht genügt, sondern dass du noch einmal siebenmal und noch einmal und noch einmal und noch viele Male vergeben musst, bis Gott dir deine vielen Sünden vergeben kann." (Aus einem Brief Albert Schweitzers, zitiert nach: Martin Haug, *Am ewigen Quell. Der gute Weg. Geschichten zu den zehn Geboten*)

Vergebung ist ein Schlüsselbegriff des Evangeliums. Das Vaterunser enthält die Bitte: „Und vergib uns unsere Schuld, wie auch wir vergeben unsern Schuldigern" (Matthäus 6,12). Die Vergebung unserer Sünden macht Jesus direkt abhängig von unserer Vergebungsbereitschaft denen gegenüber, die uns verletzt oder sich an uns versündigt haben. Wenn wir einem anderen vergeben, geben wir nur das weiter, was wir von Gott empfangen haben: ein Stück Evangelium im Kleinen. So wie wir von Gott die Vergebung unverdienterweise erhalten haben, sollen wir anderen vergeben, auch dann, wenn sie es nach unserem Empfinden nicht verdient haben. Vergebung empfangen und anderen vergeben können – beides ist Gnade. An die Stelle von Recht tritt die Gnade.

Nach dem 70-mal-7-Prinzip erzählt Jesus das Gleichnis vom bösen Knecht (Schalksknecht). Dieser ist seinem König 10.000 Zentner Silber schuldig. Mit der Rückzahlung kommt er unter Druck. Auf sein Bitten hin wird ihm die große Schuld erlassen. Erleichtert geht der böse Knecht hinaus und trifft auf einen, der ihm geringe 100 Silbergroschen schuldet. Dieser bittet eindringlich um Geduld. Aber der böse Knecht hat kein Erbarmen und wirft ihn ins Gefängnis. Das kommt dem König zu Ohren. Er lässt den bösen Knecht rufen und macht ihm Vorhaltungen: „Ich habe dir eine große Schuld erlassen. Hättest du dich nicht über ihn erbarmen sollen wie ich mich über dich?" Und der König überlässt ihn den Schuldeintreibern, die ihn peinigen, bis er alles bezahlt hat. Am Schluss des Gleichnisses sagt Jesus sehr eindringlich: „So wird auch mein himmlischer Vater an euch tun, wenn ihr einander nicht von Herzen vergebt, ein jeder seinem Bruder" (Matthäus 18,35). Vergeben heißt:

› geben
› loslassen
› abtragen, nicht nachtragen
› sich nicht selbst Recht verschaffen wollen
› auf Gottes Gerechtigkeit vertrauen

Nach dem Gesetz der Natur gibt es keine Vergebung. Seit dem Sündenfall wirkt der „Kain-Virus" in unseren Seelen. Er versucht sich skrupellos gegen andere durchzusetzen. Wir leben in einer gefallenen Welt, in der nach dem Prinzip „fressen oder gefressen werden" gelebt wird. „Ich und alle wissen es, was alle Kinder lernen: Wem Böses wurde angetan, der tut es selber von Neuem" (W. H. Auden, zitiert in Yancey, *Gnade ist nicht nur ein Wort).* Deshalb ist Vergebung aus rein menschlicher Sicht immer ungerecht. Vergebung hat mit unserem bewussten Wollen zu tun. Wenn es passiert, geschieht ein Wunder, das Segensspuren hinterlässt: Versöhnung. Der nordirische Schriftsteller und Literaturwissenschaftler C. S. Lewis (1898–1963) nannte das, was dann geschieht, „Tröpfeln der Gnade", etwas, das die tiefe Sehnsucht weckt „nach dem Duft der Blume, die wir noch nicht gefunden haben, nach einer Melodie, die wir noch nicht gehört haben, nach Neuem aus einem Land, das wir noch nie betreten haben."

Dass man sogar dem Mörder der eigenen Tochter vergeben kann, zeigt ein Porträt aus *ideaSpektrum* 4/2009. „Wir sind durch die Hölle gegangen", beschreibt Ursula Link aus Schallstadt bei Freiburg im Breisgau das, was sie erlebt hat.

Ihre Tochter Stefanie war missbraucht, umgebracht und anschließend geschändet worden. Am nächsten Tag fand ein Bauer die Leiche. Die Polizei überbrachte der Familie die Todesnachricht. Seit diesem Augenblick ist für Ursula Link und ihre andere Tochter, Nadine, nichts mehr so wie vorher. Das Leben wurde für beide unerträglich. Es war für sie kein Trost, dass der Täter schon wenige Tage später ermittelt wurde.

Die Verhaltenstherapie half nur bedingt. Aus Angst vor Albträumen schliefen Mutter und Tochter meist eng aneinandergekuschelt. Sie fühlten sich alleingelassen, aber waren es nicht. Denn die Eltern von Freunden ihrer toten Tochter Stefanie kümmerten sich um sie. Sie waren Christen. Sie unterstützten sie mit Rat und Tat – im Haushalt und in Gesprächen. „Der Einzige, der euch in eurer Situation helfen kann, ist Jesus Christus", sagten sie.

Mutter und Tochter entschieden sich, Christen zu werden. Langsam ging es den beiden besser. Der Lebensmut kam zurück. Sie spürten: „Jesus Christus ist bei uns." Ursula Link las in der Bibel und konnte wieder schlafen. Sie fühlte sich wieder fit und kehrte schließlich an ihre Arbeitsstelle zurück. Dass Ursula Link heute – viele Jahre später – über die Tat sprechen kann, verdankt sie Jesus Christus. Sie hat sogar dem Täter vergeben – von Angesicht zu Angesicht. Das ist „amazing grace" – unglaubliche Gnade.

2

Danke fürs Zuhören

Darum nehmt einander an,
wie Christus euch angenommen hat zu Gottes Lob.
Römer 15,7

Hinter jedem Akt der Vergebung steckt die Wunde des Verratenwordenseins, und dieser Schmerz heilt nicht leicht. Der russische Schriftsteller Leo Tolstoi (1828–1910) dachte, es würde seiner bevorstehenden Ehe guttun, wenn er seiner jungen Verlobten seine Tagebücher zu lesen gäbe, in denen er seine Liebesabenteuer in allen Einzelheiten festgehalten hatte. Er wollte vor Sonja keine Geheimnisse haben und sozusagen mit einem reinen Gewissen in die Ehe gehen. Stattdessen bereiteten Tolstois Bekenntnisse den Boden für eine Ehe, die nur durch das Band des Hasses zusammengehalten wurde statt durch das Band der Liebe. „Wenn er mich küsst, denke ich immer: *Ich bin nicht die erste Frau, die er geliebt hat*", schrieb Sonja in ihr eigenes Tagebuch. Manche seiner jugendlichen

Eskapaden konnte sie ihrem Mann verzeihen, aber nicht seine Affäre mit Axinja, einer Bäuerin, die weiterhin auf dem Gut der Tolstois arbeitete.

„Eines Tages werde ich mich vor Eifersucht umbringen", schrieb Sonja, als sie den dreijährigen Sohn der Bäuerin gesehen hatte, der ihrem Mann wie aus dem Gesicht geschnitten war. „Wenn ich ihn (Tolstoi) umbringen und einen neuen Menschen schaffen könnte, der genauso wäre wie er, dann würde ich das sofort tun."

Ein weiterer Eintrag in ihrem Tagebuch stammt vom 14. Januar 1909: „Er findet Geschmack an dieser Bauerndirne mit ihrem weiblichen, kräftigen Körper und ihren sonnengebräunten Beinen, sie zieht ihn jetzt noch genau so mächtig an wie in all den vergangenen Jahren ..." Sonja schrieb jene Worte, als Axinja bereits ein runzeliges altes Weib von 80 Jahren war. Ein halbes Jahrhundert voller Eifersucht und Vergebungslosigkeit hatte sie so blind gemacht, dass sie damit alle Liebe zu ihrem Ehemann zerstört hatte. (Aus: Philip Yancey, *Gnade ist nicht nur ein Wort*)

Ein Leben in der Unversöhnlichkeit entwickelt ein zerstörisches Potenzial. Einerseits entstehen Bitterkeit, Hass, Rachegefühle, böse Worte und schließlich ungute Taten, andererseits wachsen Neid, Selbstmitleid und Auflehnung gegen alle und alles. Mit anderen Worten: Unversöhnlichkeit ist eine Waffe in unserer Hand, die rückwärts und vorwärts schießt. Deshalb sollten Ehepaare sich regelmäßig die Frage stellen: Sind wir in unseren Beziehungen zur Vergangenheit, zu unserer gemeinsamen Geschichte, echt versöhnt, oder gibt es da noch Altlasten, die wir einander nie bekannt und nie vergeben haben? Denn nicht vergebene Schuld vollbringt ihr zerstörerisches Werk auch dann, wenn sie bewusst verdrängt wird.

Im Jahr 1993 machte Henry Alexander, der dem Ku-Klux-Klan angehörte, seiner Frau ein Geständnis. 1957 hatte er zusammen mit anderen Leuten vom Klan einen schwarzen LKW-Fahrer aus seinem Führerhaus gezerrt, ihn auf eine verlassene Brücke hoch über einem reißenden Fluss geschleppt und den schreienden Mann gezwungen, in den Tod zu springen.

Für dieses Verbrechen wurde Alexander 1976 angeklagt; fast 20 Jahre hatte es gedauert, ihn vor Gericht zu bringen. Er beteuerte aber seine Unschuld und wurde von den weißen Richtern freigesprochen. Insgesamt 36 Jahre lang beharrte er auf seiner Unschuld, bis er seiner Frau an jenem Tag im Jahr 1993 die Wahrheit beichtete. „Ich weiß nicht, was Gott mit mir machen wird. Ich weiß nicht einmal, was ich für mich erbitten soll", sagte er ihr. Einige Tage später starb er.

Alexanders Frau schrieb einen Brief an die Witwe des Schwarzen und bat sie um Verzeihung. Der Brief wurde daraufhin in der *New York Times* abgedruckt. „Henry hat sein Leben lang in einer Lüge gelebt, und er hat mich dazu gebracht, sie auch zu leben", schrieb sie. In all den Jahren hatte sie seinen Unschuldsbeteuerungen geglaubt. Bis fast an sein Lebensende hatte er nie irgendein äußeres Zeichen von Gewissensbissen erkennen lassen, und dann war es zu spät für eine öffentliche Richtigstellung. Aber er konnte dieses schreckliche Geheimnis doch nicht mit ins Grab nehmen. Nach 36 Jahren heftigen Leugnens brauchte er noch die Entlastung, die nur Vergebung schenken kann. (Aus: Philip Yancey, *Gnade ist nicht nur ein Wort*)

Wer begangenes Unrecht verschweigt, isoliert sich, und seine engsten Beziehungen werden schwer belastet. Das folgende Beispiel macht deutlich, was trotz der Verfehlungen eines Partners aus einer Ehe werden kann. Es war im Jahr 1571. Im Schlossgefängnis von Dillenburg saß Jan Rubens. Er war wegen Ehebruchs zum Tod verurteilt worden. Eines Tages schrieb ihm seine Frau: „Mein lieber und sehr geliebter Mann, ich vergebe Euch jetzt und immer. Ihr seid in so großem Kampf und Ängsten, daraus ich Euch gern mit meinem Blut erretten würde. Könnte da überhaupt Hass sein, dass ich eine Sünde gegen mich nicht vergeben könnte, verglichen mit so vielen Sünden, wofür ich alle Tage Vergebung bei meinem himmlischen Vater erflehe? Ich werde mit ganzer Kraft Gott für Euch bitten und mit mir unsere Kinder." Kraft ihrer

Fürbitte kam Rubens wieder frei. Das Ehepaar siedelte sich in Siegen an, wo Peter Paul Rubens, der weltberühmte Maler, geboren wurde. (Nach Heinz Schäfer, aus: *Neukirchener Kalender,* 12.12.2011)

Eine funktionierende Partnerschaft erkennt man daran, dass man sich häufiger in den Armen hält als in den Haaren liegt. Ein Streit ist schnell entstanden. „Beleidigen ist leicht, schwer ist das Versöhnen", so Grillparzer. Versöhnung lässt sich mit einer Autobahn mit zwei voneinander unabhängigen Fahrbahnen vergleichen: meine Beziehung zum anderen und seine Beziehung zu mir. Für erstere bin ich verantwortlich; für die zweite trägt der andere die Verantwortung.

Versöhnung braucht es immer dann, wenn sich zwei Personen nahestehen oder sich einmal nahegestanden haben. Versöhnung setzt Vergebung voraus. Vergebung ist nicht eine Sache des Gefühls, sondern des Willens. Wer vergibt, wird erleben, dass ihm auch Versöhnung geschenkt wird.

Auf einer anderen Ebene leben und erleben manche Ehen eine konstruktive Streitkultur. Im dritten Lebensalter, wenn das Paar tagaus, tagein zusammen ist, müssen die Regeln neu festgelegt werden. Dazu kann gehören, dass man versucht, vorwurfsvolle Fragen und Antworten zu vermeiden. Bei abnehmendem Gehör kann es sein, dass man einen Satz wiederholen muss. Das erfordert Geduld. Ich kenne ein Ehepaar, das auf unverständliche

Worte des anderen mit dem stereotypen Satz antwortet: „Es ist dafür und dawider." Der Partner oder die Partnerin weiß dann: Ich muss meinen Satz, meine Frage wiederholen.

Manchmal gibt es aufkeimende Wut zu kanalisieren. Am besten zieht man sich dafür zurück. Aber manchmal muss der Partner auch etwas mitbekommen, es muss „geradeheraus gesagt" werden, was schiefläuft. Ein „Danke fürs Zuhören!" oder gar eine befreiende Entschuldigung danach macht sofort die Luft wieder rein.

Zuhören können, ausreden lassen, ist extrem wichtig. Oft ergänzen wir im Kopf die Sätze unseres Gegenübers, ohne richtig hinzuhören. Schließlich wissen wir ja schon lange, wie der Partner „tickt". So entstehen oft genug Missverständnisse, die nicht nötig wären. Wer zuhören kann, gibt dem Gegenüber zu verstehen: Deine Meinung ist mir wichtig. Aber was nützt der kleine Wortwechsel oder gar der ausgewachsene Streit, wenn es keine Versöhnung gibt? Die Versöhnung bringt uns wieder an den Punkt zurück, an dem wir uns am wohlsten fühlen: zur Harmonie und zu dem Gefühl, so geliebt zu werden, wie wir im Laufe der Jahre geworden sind. Versöhnung ist die beste vorbeugende Medizin gegen neue Streitereien. „Der Liebe Wunden kann nur heilen, wer sie schlägt", sagte Publius Syrus.

In den ehelichen Beziehungen ist Humor häufig ein Wundermittel. Leider kenne ich die Quelle der nachstehenden köstlichen Geschichte nicht. Es geschah auf einer Geburtstagsparty. Die Jubilarin erzählte, wie sich ihr Mann vor Jahren wegen einer schnippisch-ironischen Bemerkung ihrerseits dermaßen verletzt gefühlt hatte, dass er sich in eisiges Schweigen hüllte. Nachdem der Mann drei Tage lang auf keine Bemerkung seiner Frau reagiert und jede Kontaktaufnahme ignoriert hatte, kramte diese abends eine Taschenlampe aus der Schublade, leuchtete in sämtliche Schränke und Truhen, suchte unterm Sofa und hinter Gestellen, verrückte die Essbank und leuchtete in die hintersten Ecken. Und da geschah das Wunder: Ihr Mann hielt es nicht länger aus; er fand plötzlich seine Sprache wieder: „Verflixt noch mal, was suchst du eigentlich?", fragte er. Und sie: „Deine Stimme – aber jetzt ist sie ja Gott sei Dank wieder da!" Der Mann brach in Lachen aus, die Frau stimmte ein, und nun lachten beide, lachten lauter, hörten nicht mehr auf zu lachen. Die Nachbarn sollten ruhig meinen, sie hätten einen oder zwei über den Durst getrunken.

Der Philosoph Friedrich Nietzsche (1844–1900) hat – wahrscheinlich aus eigener Erfahrung – gesagt: „Es ist weit angenehmer zu beleidigen und später um Verzeihung zu bitten, als beleidigt zu werden und Verzeihung zu gewähren." Und manchmal wird ein Unrecht leichter verziehen als eine Beleidigung. Vergeben heißt: den anderen vorbehaltlos aus seiner Schuld entlassen. Glücklich ist, wer vergeben kann!

3

Wunden zu Perlen machen

Siehe, ich will euch senden den Propheten Elia,
ehe der große und schreckliche Tag des HERRN kommt.
Der soll das Herz der Väter bekehren zu den Söhnen
und das Herz der Söhne zu ihren Vätern,
auf dass ich nicht komme
und das Erdreich mit dem Bann schlage.
Maleachi 3,23–24

Vom Wiener Satiriker Karl Kraus (1874–1936) stammt der bitterböse Satz: „Das Wort ‚Familienbande' hat einen Beigeschmack von Wahrheit." Es gibt Systeme und Ordnungen, die größer sind als unser Leben. Das bemerken wir oft erst dann, wenn wir gegen sie verstoßen oder sogar versuchen, sie außer Kraft zu setzen. Eine solche Ordnung bildet das familiäre Umfeld, in das hinein wir geboren wurden. Nicht selten geschieht es, dass wir im „Netzwerk Familie" in Konflikte geraten und Schuld auf uns laden. Der gute Weg, um da herauszufinden, heißt Versöhnung. Versöhnung heißt: loslassen, was hinter uns liegt, und dem entgegenstreben, was vor uns liegt. Dies bedeutet z. B. für Kinder, dass sie den Vorrang der Eltern anerkennen. Wer sich mit Vater und Mutter aussöhnt, hat die große Chance, dass aus seinem Leben etwas Gutes wird.

Mahatma Gandhi (1869–1948), der geistige Führer der indischen Unabhängigkeitsbewegung, erzählt in seiner Biografie, wie er mit 15 Jahren einen Diebstahl beging, ihn aber nachher seinem Vater bekennen wollte. Weil er den Schmerz fürchtete, den er dem Vater bereiten würde, wagte er den Mund nicht aufzutun. Endlich schrieb er seine Beichte nieder und bat auch um angemessene Bestrafung. Mit Zittern überreichte er dem Vater diese Beichte. „Während er las, saß ich ihm gegenüber. Da rannen ihm die Tränen wie Perlentropfen über die Wangen. Für einen Augenblick schloss er die Augen in Betrachtung und zerriss dann das Papier. Ein solch erhabenes Verzeihen lag an sich nicht in seiner Natur. Ich hatte gedacht, er würde zornig werden und harte Worte sagen. Aber er war wundersam ruhig. Ich glaube, das kam von meinem offenen Bekenntnis. Ein offenes Bekenntnis, verbunden mit dem Gelöbnis der Besserung, abgelegt vor einem, der ein Anrecht darauf hat, es zu empfangen, ist die reinste Form der Reue. Ich weiß, dass meine Beichte meinen Vater völlig über mich beruhigte und seine Liebe zu mir unendlich erhöhte."

Der deutsche Journalist und Schriftsteller Axel Hacke erzählt: „Ich erinnere mich an die Zeiten, in denen ich sehr lange Haare hatte, ungefähr bis zur Gürtellinie, in denen ich grundsätzlich nur in Röhrenjeans und mit einem schmalen Lederband um die Stirn aus dem Haus ging und ungefähr wie das Gegenteil eines Sohnes aussah, den sich mein Vater wünschte (...) Aber in jenen Jahren verschaffte er mir immer wieder Jobs, um in den Ferien etwas Geld zu verdienen. Dann ging ich mittags mit ihm bisweilen im Casino der Industrie- und Handelskammer essen und saß zwischen lauter Geschäftsführern in Anzug und Krawatte. Es muss ihm sehr unangenehm gewesen sein, dass sein Sohn aussah wie ein ‚Revoluzzer‘, aber er ließ nie auch nur eine Sekunde einen Zweifel daran, dass ich sein Sohn sei und dass er (was er so nie, nie, nie gesagt hätte) mich liebte. Er hielt es aus, wie ich war und wie ich aussah und dass ich ihn verachtete, er hielt es einfach aus. Und es war großartig, dass er es aushielt, denn das ist es, was Eltern manchmal einfach können müssen und worin sich ihre Liebe vielleicht in schwierigen Zeiten am allermeisten ausdrückt: die Dinge auszuhalten."

Diese beiden Beispiele zeigen schöne Episoden aus Eltern-Kind-Beziehungen. Allerdings kann es zwischen erwachsenen Kindern und ihren Eltern viel komplexer und eine Versöhnung entsprechend schwierig sein. Noch schwieriger ist es, wenn der Vater berühmt war.

Interessant ist, wie Walter Kohl, der Sohn des ehemaligen deutschen Bundeskanzlers Helmut Kohl, im Buch *Leben oder gelebt werden* das schwierige Verhältnis zu seinem Vater aufzuarbeiten versucht. Er beschreibt seine Kindheit im Schatten eines Vollblutpolitikers, dessen eigentliche Familie die Partei war. Zuwendung und Wärme bekam Walter von seinem Vater kaum. Das hinderte andere jedoch nicht daran, Walter schon in der Schulzeit stellvertretend für die Politik seines Vaters zu beschimpfen oder gar zu verprügeln. Sein Buch ist allerdings keine Abrechnung mit der übermächtigen Vaterfigur. Walter Kohl will Mut machen, auch schwierigste Konflikte anzugehen, statt sie vor sich hinschmoren zu lassen.

Hier ein Schlüsselabschnitt aus dem Buch:

„Ich haderte mit meiner Situation, kämpfte gegen Windmühlenflügel und wehrte mich mit dem Mut der Verzweiflung gegen mein ungeliebtes Schicksal. Ich wurde ernst und ernster. Ich verlernte, mich von Herzen zu freuen. Mit der Zeit versteinerte ich innerlich. Der Verlust an Lebensfreude war vielleicht der größte Schaden, den ich mir selbst zufügte. Dabei begriff ich vor allem eines nicht: Ich wurde nicht zum Opfer gemacht, sondern ich nahm die Opferrolle an. Endlich begriff ich, dass jede wirkliche Wandlung immer im eigenen Innern beginnen muss. Das war der Moment, in dem ich den Wert der Versöhnung für mein Leben erkannte. Dass die nicht nur im zwischenmenschlichen Bereich von Bedeutung ist, wenn Menschen miteinander im Streit liegen, sondern mindestens ebenso sehr im innerpsychischen, nämlich für den einzelnen Menschen, der mit sich selber im Streit liegt. Versöhnung hilft, heilt und wandelt von innen her."

In einem Interview in der Zeitschrift *Rolling Stone* erklärte Walter Kohl den Weg aus dem „Opferland" wie folgt: „Versöhnung bedeutet ja zuerst einmal, dass man in seinem Herzen klar, frei und vor allem auch schmerzfrei ist. Versöhnung gibt es in so vielen Formen, wie es Situationen zwischen Menschen und Erfahrungen von Menschen gibt. Dabei steht für mich nicht das ‚Was-ist-passiert?' im Vordergrund, sondern das ‚Wie-gehe-ich-damit-um?'. Ganz wichtig ist die Bereitschaft, über seinen inneren Tellerrand zu steigen und sich selbst gegenüber die Dinge offen einzugestehen. Im zweiten Schritt gilt es dann, das Erlebte wertfrei zu akzeptieren und über diese wertungsfreie Akzeptanz eine neue, innere Toleranz zuzulassen. Schließlich, im dritten Schritt, kann man dann frei über die Dinge sprechen, sei es in Form eines Buches oder einer persönlichen Begegnung oder in welcher Form auch immer. Bezogen auf meinen Vater bin ich mir sehr,

sehr sicher, dass es zwischen uns noch Bewegungen und Klärungen geben wird." (Aus: *Rolling Stone,* Mai 2011)

Wie man inzwischen weiß, hatte Helmut Kohl am Buch seines Sohnes Walter keinen Gefallen. Aber die beiden reden nach einer längeren Zeit des Schweigens wieder miteinander. Das, was Walter Kohl mit seinem Buch umzusetzen versucht, nennt er nach Hildegard von Bingen „Wunden zu Perlen machen". Es wäre ihm zu gönnen, dass sich das Herz seines Vaters ihm ganz zuwenden könnte, denn seinen Äußerungen kann man entnehmen, dass er den Vater aus der Sohnesliebe nicht entlassen hat.

Die Beispiele führen uns unweigerlich zum Gleichnis des verlorenen Sohnes, das eigentlich das Gleich zweier verlorener Söhne ist (Lukas 15,11–31): Nachdem sich der jüngere seinen Anteil am Erbe schon zu Lebzeiten des Vaters ausbezahlen lässt, verreist er ins Ausland. Er beginnt, sein Leben in vollen Zügen zu genießen. Er leistet sich alles, wonach sein Herz verlangt, bis er pleite ist. Nun geht es bergab. Bei einem Bauern hütet er die Schweine. Oft quält ihn der Hunger so, dass er froh wäre, etwas vom Schweinefutter zu bekommen. Endlich kommt er zur Besinnung. Er will zurück zum Vater in das geordnete Vaterhaus.

In einem Selbstgespräch legt er sich zurecht, wie er dem Vater begegnen will. Als sein

Entschluss feststeht, macht er sich auf den Weg. Sein Vater erkennt ihn von Weitem. Voller Mitleid läuft er ihm entgegen, fällt ihm um den Hals und küsst ihn.

Bei der Wiedergabe dieser Geschichte steht mir Rembrandts (1606–1669) meisterliches Spätwerk „Die Rückkehr des verlorenen Sohnes" vor Augen. Das Original hängt in der Eremitage in St. Petersburg. Der Blick fällt bei diesem Bild zunächst auf einen alten, fast erblindeten Mann in einem großen roten Umhang. Vor ihm kniet ein ärmlich gekleideter junger Mann. Beide sind eingehüllt in ein geheimnisvolles Licht. Voller Zärtlichkeit weint der Vater und segnet seinen tief verwundeten Sohn. Aber dann wird der Blick gefangen von der eigentlichen Mitte des Bildes: von den beiden Händen des Vaters. Die Hände sind verschieden. Die Linke ist muskulös; mit Kraft hält der Vater damit den Rücken des Sohnes. Die Rechte ist feingliedrig und liegt sanft auf der Schulter des Sohnes – es ist die Hand einer Mutter. Ein eindrückliches Bild väterlich und mütterlich geprägter vorbehaltloser Versöhnung.

Aber das Gleichnis ist noch nicht zu Ende erzählt. Nun sagt der Vater zum heimgekehrten Sohn: „Es ist gut, dass du wieder da bist. Aber belohnt wird dein Bruder, der immer bei mir gewesen ist und alle Aufgaben mit großem Einsatz angepackt und erledigt hat. Ihn wollen wir nun feiern. Er soll ein neues

Gewand bekommen und einen kostbaren Ring und bequeme Schuhe." Sagt das der Vater wirklich? – Nein! Er sagt: „Dieser mein Sohn war tot und ist wieder lebendig geworden, war verloren und ist gefunden worden." Gewand, Ring und Schuhe sollen ihm gehören. Und dann heißt es: „Sie fingen an, fröhlich zu sein!" (Vers 24).

Das ist die Urgeschichte göttlicher Versöhnungsbereitschaft. Sie hat für unser eigenes Verhalten in Generationenkonflikten wegweisende Bedeutung. Paulus schreibt den Ephesern: „Vergebt einer dem andern, wie auch Gott euch vergeben hat in Christus" (Epheser 4,32b). Viele Vater-Sohn-Beziehungen sind in unserer gnadenlosen Gesellschaft auseinandergebrochen. Ich bin überzeugt, dass die Sehnsucht nach Versöhnung oft viel größer ist, als wir vermuten. In einer Erzählung des amerikanischen Schriftstellers Ernest Hemingway (1899–1961) beschließt ein Vater, sich mit seinem Sohn zu versöhnen, der nach Madrid durchgebrannt ist. Der Vater setzt folgende Anzeige in die Zeitung: „Paco, komm Dienstag ins Hotel Montana. Alles ist vergeben. Papa." Nun muss man wissen, dass Paco in Spanien ein weit verbreiteter Name ist. Als der Vater zu der *Plaza* kommt, an der das Hotel liegt, warten dort bereits 800 junge Männer mit dem Namen Paco auf ihn. Ob Hemingway, der aus frommem Hause stammte und sich mit seinen Eltern heillos zerstritten hatte, sich wohl mit dieser

Erzählung seine tiefe Sehnsucht nach Versöhnung und Gnade von der Seele geschrieben hat?

Den folgenden Bericht habe ich der Zeitschrift *:Perspektive 09/2010* entnommen:

„Ruth Graham, die Tochter des Evangelisten Billy Graham beschreibt in ihrem Buch *Ein Zuhause für mein Herz* eine bewegende Situation. Nach der Scheidung ihres ersten Mannes heiratete sie einen Mann, vor dem sie ihre Eltern und Freunde gewarnt hatten. Und sie behielten recht: Diese Ehe dauerte nur eine Woche lang. Ruth wusste nicht, wohin sie mit ihren Kindern gehen sollte, es blieben nur die Eltern. Schließlich rief sie ihre Mutter an, worauf diese sagte: ‚Komm nach Hause, Kind, komm nach Hause!‘

Sie hatte Angst, Angst vor den Augen ihrer Eltern. Was würde sie darin entdecken? Missbilligung? Verlegenheit? Verachtung? Gar Verurteilung? Am liebsten hätte sie sich irgendwo verkrochen. Lesen Sie, wie sie die Situation beschreibt: ‚Neben meiner traurigen Tochter fuhr ich den Berg hinauf zum Haus meiner Eltern. Fragen rasten mir durch den Kopf, Angst stieg in mir auf und ein Gefühl der Demütigung, das meine Hoffnung fast ganz erstickte. Ich merkte, wie sich meine Hände um das Lenkrad krampften, und in meinem Kopf drehte sich alles. Doch ich fuhr immer weiter auf das Haus zu. Ich konnte meine Fehler nicht mehr rückgängig machen, ich wusste, dass ich mich ihnen stellen musste. Zwar empfand ich, dass ich es nicht wert war, nach Hause kommen zu dürfen, aber ich brauchte meine Eltern. Ich hatte gerade erst das obere Ende der Zufahrt erreicht, als ich meinen Vater auf dem Parkplatz warten sah. Ich öffnete die Autotür und hatte kaum Zeit, den Fuß aufzusetzen, da war er schon bei mir. Dieser liebe Vater, der genug Grund gehabt hätte, mich zu tadeln, schloss mich einfach in seine starken Arme, zog mich eng an sich und begrüßte mich mit den einfachen Worten: ›Willkommen zu Hause.‹'" (Magdalene Ziegeler, „Heimweh", in :Perspektive 09/2010).

Viele Eltern warten sehnsüchtig auf ein Lebenszeichen ihrer Kinder. Vielleicht gibt es auch unter den Lesern dieses Buches verlorene Söhne und Töchter. Bitte warten Sie nicht länger. Werden Sie aktiv und unternehmen Sie etwas, um Versöhnung herbeizuführen. Auch für Sie gibt es ein „Willkommen zu Hause".

4

Kriegspfad oder Friedenspfeife?

Ihr gedachtet es böse mit mir zu machen,
aber Gott gedachte es gut zu machen.
1. Mose 50,20

Das Verhältnis der Brüder Heinrich und Thomas
Mann hat im Laufe der Zeit viele Höhen und Tiefen erlebt. Beide begannen zunächst in Eintracht
eine schriftstellerische Karriere. Doch bald gingen
ihre Ansichten auseinander. Heinrich Mann ent-
wickelte sich in sozialkritischer Richtung. Thomas
Mann heiratete eine Frau aus einer großbürgerli-
chen Familie und mauserte sich zum Bürger eines
Systems, das Heinrich Mann schriftstellerisch bekämpfte. Der Konflikt bekam einen öffentlichen
Charakter, als Thomas Mann es ablehnte, bei der
Hochzeit seines Bruders Heinrich als Trauzeuge
aufzutreten. 1914 bekannte sich Thomas Mann
klar zum Kaisertum und verherrlichte den Krieg.
Das verletzte Heinrich tief. Der Kontakt wurde

abgebrochen. Heinrich Mann bekämpfte öffentlich die Haltung seines Bruders Thomas, welcher wiederum hemmungslos über Heinrich herzog. Das brüderliche Verhältnis verwandelte sich von Zuneigung in Hass.

1917 schlug Heinrich seinem Bruder dann die Versöhnung vor. Thomas lehnte deutlich ab. Erst 1922, anlässlich einer schweren Erkrankung von Heinrich, versöhnten sie sich. Thomas Mann hatte nach den Erfahrungen des Ersten Weltkrieges und der jungen Republik seine Ansichten neu überdacht.

Die Beziehungen zu Geschwistern sind oft schwierig, emotional geladen und rivalisierend. Diese Beobachtung dürfte den Schriftsteller Kurt Tucholsky (1890–1935) zu folgender Aussage veranlasst haben: „Was unterscheidet Geschwister von wilden Indianerstämmen? Wilde Indianer sind entweder auf dem Kriegspfad oder rauchen die Friedenspfeife. Geschwister können gleichzeitig beides!" Damit wollte er andeuten, dass Konflikte unter Geschwistern praktisch vorprogrammiert sind. Schließlich haben Geschwister sich gegenseitig nicht aussuchen können, wie man sich einen Freund auswählt. Geschwisterbeziehungen sind die längsten unseres Lebens; sie überdauern die Beziehungen zu den Eltern. Vom ersten Lebenstag an sind diese Beziehungen für unser Leben prägend, denn sie sind urwüchsiger und spontaner als alle anderen menschlichen Bindungen.

Die Kindheit ist die Phase der engen Gemeinschaft. Sie bildet den Ursprung für Geschwisterliebe oder Geschwisterrivalität. Pubertät und Adoleszenz gelten als Chance für eine gute Geschwisterbeziehung. Im frühen Erwachsenenalter muss sich weisen, ob sich die Beziehung bewährt. Im mittleren Erwachsenenalter, oft nach der Heirat, flackern unverarbeitete Konflikte aus der Kindheit wieder auf und die Beziehungen köcheln auf Sparflamme. Die eigentliche Nagelprobe bildet die Erbteilung: Alter und unbereinigter Knatsch kann zum offenen Konflikt werden. An dieser Stelle zeigt sich, ob Geschwister sich echt lieb haben oder eben nicht. In manchen Fällen beobachtet man im vorgerückten Alter eine Wiederannäherung oder sogar Versöhnungstendenzen. Vereinfacht ausgedrückt folgt jede Geschwisterbeziehung dem Schema „Intimität – Distanz – Wiederannäherung". In Familien geschieht Versöhnung nicht nur in Worten. Ein freundliches Aufeinanderzugehen, überraschende Briefe und Besuche oder unerwartete Geburtstagsgrüße bewirken manchmal Wunder.

Oft unterschätzt wird die Position, die ein Kind in der Geschwisterreihe einnimmt. So genießen Erstgeborene und Einzelkinder die uneingeschränkte Zuneigung der Eltern. Aber sie werden auch strenger erzogen. Aus ihnen werden oft

Erwachsene mit starker Selbstdisziplin und großem Verantwortungsbewusstsein. Sie lernen schon früh „auszuteilen" und entwickeln Führungsqualitäten. Das jüngste Kind wird in eine Familiensituation hineingeboren, in der die Rollen schon verteilt sind. Es entwickelt gerne ein Verhalten, um auf sich aufmerksam zu machen und die Familie zu manipulieren: als hilfloses Nesthäkchen, Charmeur, Schreihals oder Clown. Jüngste Kinder werden oft nicht nur von den Eltern, sondern von der ganzen Familie verwöhnt. Sie sind meist etwas frühreif, aber im Allgemeinen kommunikativ, kreativ und unabhängig. Eine besondere Stellung nehmen mittlere Kinder unter mehreren Geschwistern ein (Sandwichposition). Das gilt auch für Zwillings- und Mehrlingsgeschwister. Die Position in der Geschwisterreihe ist für die Entwicklung der Person prägend. Das Wissen darum entschuldigt aber niemals Fehlverhalten oder gar Unversöhnlichkeit.

Wohin Neid unter Brüdern führen kann, erfahren wir aus der Erzählung über Kain und Abel, die ältesten Söhne von Adam und Eva (1. Mose 4,1–24). Der Ackerbauer Kain ist wegen der Ungleichbehandlung ihres Opfers durch Gott über den Hirten Abel erbost. Die bösen Gedanken Kains entwickeln sich zu Hass. Gott warnt Kain, aber dieser schlägt die Warnung in den Wind. Er lädt Abel hinterlistig ein, ihn aufs Feld zu begleiten, wo er ihn kaltblütig erschlägt. Gott verflucht Kain und vertreibt ihn von seinem Acker. Auf das Jammern Kains, dass er nun Freiwild sei und jedermann, der ihn findet, ihn umbringen könne, sagt Gott: „Nein, sondern wer Kain schlägt, das soll siebenfältig gerächt werden" (1. Mose 4,15). Und zu seinem Schutz gibt er ihm ein Zeichen. Die brudermörderische Gesinnung Kains führt ins Verderben. Im Gegensatz dazu ist das Blut Abels ein Bild für das vergossene Blut Christi. Abel ist die Gestalt, an der wir uns in den Geschwisterbeziehungen orientieren sollen.

Von einer weiteren Geschwisterbeziehung wird uns in 1. Mose 29 berichtet. Lea und Rahel sind Schwestern und haben wegen der Hinterlist ihres Vaters denselben Mann. Die eine – Rahel – ist schön und Jakob liebt sie. Lea, die Ältere, ist zwar weniger attraktiv, bekommt aber im Gegensatz zu ihrer Schwester ein Kind nach dem anderen. Die Beziehung der beiden Schwestern ist deswegen spannungsgeladen. Besonders Lea leidet, denn Rahel erfährt von Jakob die größere Zuneigung. Aber Lea entwickelt sich. Als sie Ruben, ihren ersten Sohn, gebiert, sagt sie: „Der HERR hat angesehen mein Elend" (Vers 32). Sie verbindet damit die Hoffnung, dass Jakob nun auch sie liebt.

Ihre Erwartungen werden nicht erfüllt, auch beim zweiten und dritten Sohn nicht. Als sie Juda, den vierten Sohn, zur Welt bringt, ruft sie: „Nun will ich dem HERRN danken" (Vers 35). Die enttäuschte und verletzte Frau setzt ihr ganzes

Vertrauen auf Gott. Ihr Vater und ihr Mann hatten sie gedemütigt, doch jetzt, wo sie sich in ihrer tiefen Verlassenheit Gott zuwendet, erfährt sie neuen Lebensmut. Ein exzellentes Beispiel, um mit einer komplexen Familienkonstellation fertig zu werden. Es gibt manchmal Situationen, die wir nicht ändern können und bei denen nur die Delegation des Konflikts nach oben Entlastung bringt.

Zu den spannenden Geschwistergeschichten der Bibel gehört auch die Begegnung der entzweiten Brüder Esau und Jakob (1. Mose 32 und 33). Jakob rechnet, als er seinen Bruder zum ersten Mal seit Jahren wiedersehen soll, mit einer scharfen Konfrontation. Er sieht der Begegnung mit Besorgnis entgegen. Zwischen ihnen steht der listige Erwerb des Erstgeburtsrechts und der erschlichene Segen des Vaters Isaak. Weit mehr als 15 Jahre liegen zurück. Nichts ist vergessen, nichts ist vergeben, aber Jakob will Frieden mit seinem Bruder. Prozessionsartig schickt er seinem Bruder große Geschenke voraus. Es sind Geschenke eines Geringeren an einen Höheren. Mit ihnen will Jakob seinen Bruder versöhnlich stimmen. In der Nacht vor der Begegnung zieht sich Jakob allein an den Fluss Jabbok zurück. Ein unbekannter Mann attackiert ihn. Sein Hüftgelenk wird nach langem Ringen ausgekugelt. Jakob bekommt einen neuen Namen: Israel. Er gibt nicht auf, bis er gesegnet ist. Ihm wird klar: Er hat das Angesicht Gottes gesehen, und das ohne sterben zu müssen.

Am Morgen tritt Jakob seinem Bruder entgegen. Esau eilt zu ihm, fällt ihm um den Hals und küsst ihn. Versöhnung pur. Aber Jakob weicht einer möglichen Gefährdung der erneuerten Beziehung aus, indem er die Einladung Esaus, mit ihm zu ziehen, geschickt ablehnt und eine andere Wohnstadt sucht, um dort seine Zelte aufzuschlagen. Versöhnung zwischen Brüdern hat nicht immer ein enges Zusammenleben zur Folge; sie kann auch darin bestehen, dass sie sich im Frieden trennen und dann jeder seinen eigenen Weg geht.

Der alternde Jakob durchlebte nicht nur mit seinen beiden Frauen Lea und Rahel Schweres, sondern auch mit seinen zahlreichen Kindern. In 1. Mose 50,15–21 erleben wir Josef und seine Brüder nach der Beerdigung ihres Vaters Jakob. Eine äußerst aufschlussreiche Szene. Die ganzen alten Geschichten kommen nämlich wieder hoch. Eigentlich hatte es schon einmal eine Versöhnung gegeben – noch zu Lebzeiten Jakobs. Aber die alten Verletzungen sitzen tief: die Geschichte von Bevorzugung und Benachteiligung, Täuschung und Lügen, Schuld und Unrecht. Nicht zu reden vom Kummer, der für alle Beteiligten daraus folgte. Das alles lässt sich nicht so einfach vergessen.

Jetzt, wo der Vater gestorben ist, bekommen die Brüder wieder Angst: Was, wenn Josef sich für das Unrecht, das sie ihm angetan haben, nun doch noch rächen will? Vielleicht hat Josef nur aus Rücksicht auf den Vater stillgehalten? Sie schicken Boten voraus, die Josef die folgende Nachricht überbringen sollen: „Vergib doch deinen Brüdern die Missetat und ihre Sünde, dass sie so übel an dir getan haben" (Vers 17).

Als Josef das hört, kommen ihm die Tränen. Und als die Brüder schuldbewusst und angstvoll vor ihm stehen, sich sogar als seine Knechte bezeichnen, sagt er: „Stehe ich denn an Gottes statt? Ihr gedachtet es böse mit mir zu machen, aber Gott gedachte es gut zu machen" (Verse 19 und 20). Er ist bereit, vorbehaltlos zu verzeihen. Trotz der hohen Stellung, die er im Land innehat, steht es ihm nicht zu, seine Brüder zu richten. Er maßt sich nicht an, der Stellvertreter Gottes auf Erden zu sein. Das letzte Wort hat Gott.

Noch etwas: Hinter den zerstörerischen Geschwisterverstrickungen wird Gottes geheimer Plan, eine wundersame Segensspur, sichtbar. Gott schreibt auch auf krummen Lebenspfaden gerade. Er vermag angerichtete Schäden in Geschichten des Segens zu verwandeln. Es gelang Josef offensichtlich, seine Brüder mit dem Hinweis auf Gottes weisen Plan zu beruhigen und zu trösten. Nur das Vertrauen, dass Gott keine Fehler macht, durchbricht das Dunkel und den Widersinn so manch verworrener Geschwisterbeziehung.

5

Zustände wie in der Urgemeinde?

Die brüderliche Liebe untereinander sei herzlich.
Einer komme dem andern mit Ehrerbietung zuvor.
Römer 12,10

Es passierte an einem Sonntag im Jahr 2011. In der Freien Missionsgemeinde Thun-Steffisburg versammelten sich die Leute zum Gottesdienst. Der Pastor schritt zur Kanzel, aber er begann nicht mit der Schriftlesung, sondern wartete mit einer Überraschung auf. Er rief einen Mann nach vorne. Vor versammelter Gemeinde bat er diesen mit bewegenden Worten um Vergebung. Der Mann nahm das Versöhnungsangebot an und die beiden umarmten sich. Die Gemeinde war bewegt. Tränen wurde vergossen.

Was war diesem seltenen Akt vorausgegangen?

Pastor Thomas Knupp erzählte mir: „Ich habe im Auftrag der Vereinigung Freier Missionsgemeinden in Aeschi bei Spiez das mir ans Herz gewachsene

Hotel Friedegg geführt. Aus finanziellen Gründen wurde das Haus an die Großhaus AG verkauft. Bei der Übergabe geriet ich mit dem neuen Besitzer, einem Mitglied der Freien Missionsgemeinde Thun-Steffisburg, in einen heftigen Streit. Im Nachhinein muss ich sagen, dass ich während des Ablösungsprozesses viele Fehler gemacht habe und schuldig geworden bin. Ich hatte in erster Linie ein Problem mit der Person des neuen Besitzers. Zwar grüßten wir einander, wenn wir uns sahen, aber das war's dann auch schon. Die Verletzungen mündeten in Hass und Groll und schließlich in Bitterkeit aus. Auch wurde mein Glaube erschüttert. Wie war so etwas nur möglich? Mein Leben war eingeschränkt. Ich hatte Angst vor jeder Begegnung mit meinem vermeintlichen Widersacher."

Nun bekam der Exhotelier und Pastor den Auftrag, in der Gemeinde seines „Kontrahenten" das Evangelium zu verkündigen. Am Frühstückstisch las er die Tageslosung: „Darum legt die Lüge ab und redet die Wahrheit, ein jeder mit seinem Nächsten, weil wir untereinander Glieder sind. Zürnt ihr, so sündigt nicht; lasst die Sonne nicht über eurem Zorn untergehen" (Epheser 4,25–26). Dieser Vers forderte Knupp heraus: *„Wenn jetzt der neue Leiter der Friedegg im Gottesdienst sitzt, habe ich ein großes Problem,* dachte ich. Mit dem riesigen Klotz am Bein konnte ich nicht predigen. Ich wollte etwas über das Thema ‚Spiritualität' weitergeben. Damit vertrug sich die Lüge nicht. Entweder war ich ein Heuchler oder ich musste mich vorher unter der Zeugenschaft der versammelten Gemeinde mit dem Mann versöhnen. Bevor ich nach hartem Ringen mit mir selbst die Kanzel betrat, entschied ich mich für den Weg der Versöhnung. Und so begann der Heilungsprozess. Meine Verletzungen sind nun verheilt. Ich bin versöhnt mit der neuen Situation in der Friedegg. Ich kann vorbeigehen und die dort Arbeitenden segnen. Gott hat ein Wunder an mir getan."

Viele sehnen sich mit Wehmut die Zustände der Urgemeinde von Jerusalem herbei. Von den ersten Christen heißt es: „Und sie waren täglich einmütig beieinander" (Apostelgeschichte 2,46), und: „Die Menge der Gläubigen aber war ein Herz und eine Seele", und: „... es war ihnen alles gemeinsam" (Apostelgeschichte 4,32). Aber auch die ersten Christen hatten Konflikte, die gelöst werden mussten. Erinnert sei etwa an das Murren der griechischen Juden gegen die hebräischen, weil sich ihre Witwen bei der täglichen Versorgung übergangen fühlten. Einen nicht geringen Streit hatten auch Paulus und Barnabas mit der Partei der gläubig gewordenen Pharisäer, welche von den Heidenchristen die Beschneidung forderten.

Probleme, Krisen, Konflikte und offener Streit – das ist bis zum heutigen Tag in der christlichen Gemeinde ein leidvolles Thema. Machen wir uns deshalb klar: Nicht die eigentlichen Konfliktinhalte sind das Problem, sondern die Art und Weise, wie wir mit unseren dabei entwickelten Emotionen umgehen. Die christliche Gemeinde funktioniert wie eine Familie – als emotionale, geschwisterliche Einheit. Glaubensgeschwister können wir uns nicht aussuchen. Die erlernten Verhaltensmuster aus unseren Herkunftsfamilien bringen wir ins Gemeindeleben mit ein. Jedes Gemeindeglied ist, wie es ist. Die Empfindungen, Interessen, Bedürfnisse und Begabungen sind sehr unterschiedlich. Konflikte sind vorprogrammiert. Sie sind natürlicher Ausdruck des Menschseins.

„Wenn zwei Menschen immer die gleichen Ansichten haben, ist einer überflüssig", sagte Winston Churchill. Wenn wir die Gemeinde mit ihrer Vielfalt an Gefühlen, Wollen und Verstand ernst nehmen wollen, dann müssen wir auch die dazugehörenden Spannungen und Konflikte akzeptieren. Aber nicht nur passiv akzeptieren, sondern auch die Bereitschaft entwickeln, diese anzugehen und aktiv nach Lösungen zu suchen. Innergemeindliche Streitereien und unbereinigte Konflikte machen die Gemeinde schwach und kraftlos. Desillusioniert kehren die Sensiblen und Neubekehrten ihr den Rücken zu mit der Feststellung: „Hier geht es schlimmer zu als in der Welt." Endlose zwischenmenschliche Konflikte und Nörgeleien verhindern gesundes Gemeindewachstum.

Welches sind die Probleme und inhaltlichen Konfliktfelder, über die im gemeindlichen Umfeld gestritten wird? Hier eine kleine Auswahl:

› Organisations-, Struktur- und Kommunikationsmängel
› Fragen der Gottesdienstgestaltung, des Liedgutes und der Wortverkündigung
› Schnittstellenprobleme und Interessenkonflikte zwischen den einzelnen Arbeitsbereichen
› Fragen um die Gemeinderäumlichkeiten (Einweihung, Umzug, Neubau, Einrichtung, Finanzen usw.)
› Konflikte zwischen Pastor und Gemeindeleitung, meist ausgelöst durch menschliche und fachliche Defizite
› Generationenkonflikte oder der Wettstreit um die Gunst der Jungen
› Fehlendes oder diffuses Leitbild über die Schwerpunkte der Gemeindearbeit (evangelistisch, missionarisch, diakonisch, charismatisch?)

Die Erfahrung zeigt, dass bei gutem Willen aller Beteiligten die oben genannten Fragen mehr oder weniger konfliktfrei zufriedenstellenden Lösungen entgegengeführt werden können. Schwierig wird es dann, wenn verwandtschaftliche Beziehungen mitspielen oder sich einflussreiche Familien gegenseitig im Wege stehen und dadurch die Gemeinde in Parteien und Cliquen aufspalten. Verheerend, weil das Fehlverhalten der Eltern an Kinder und Enkelkinder weitergegeben wird.

Die Folgen sind: Antipathie über Generationen hinweg, Neid, innere Verletzungen, Nichtwahlen, Abwahlen – kurz: Es herrscht ein untergründiges Klima von Unversöhnlichkeit. Oft auch ein Grund für die um sich greifende Atomisierung der Gemeinde Jesu.

Ein weiteres subtiles Konfliktfeld bildet die Frage nach Nähe und Distanz. In der Politik heißt die negative Steigerung: Freund – Feind – Parteifreund. Oder kennen Sie den Satz: „Tritt dir jemand auf die Flosse, ist es sicher ein Genosse"? Ein Insider der christlichen Gemeinde hat es einmal so formuliert: „Viele von uns sind wie die Stachelschweine, die sich in einer bitterkalten Nacht zusammenkuscheln, um sich warmzuhalten, und sich dabei ständig stechen und verletzen, je näher sie sich kommen."

Es gibt Freundschaften, bei denen man sich bis ins intimste Detail alles erzählt. Dann passiert etwas, das als Vertrauensbruch erlebt wird. Das Zuckerpapier schlägt plötzlich ab. Man geht sich geflissentlich aus dem Weg. Wenn ein Ausweichen nicht möglich ist, streckt man sich bestenfalls die Hand hin, so wie man etwa einer Bronzestatue die Hand hinhält. Die Beziehungen unter Christen dürfen nicht von einer *„ami, frère et cochon"*-

Haltung (sinngemäß: der Bruder, Freund und Verräter) geprägt sein, sondern von gegenseitiger Ehrerbietung, einer gewissen Noblesse. So bleiben Beziehungen nachhaltig gesund.

Und da ist noch die Machtfrage. Es gibt Männer und Frauen, die ihr Umfeld aufgrund ihrer Begabung, ihrer Ausstrahlung, ihrer Kompetenz, ihrer Rednergabe oder anderer Eigenschaften prägen und beeinflussen. Heinrich Pestalozzi (1746–1827), der große Erzieher und Freund der Armen, hatte wohl Napoleon vor Augen, als er Folgendes niederschrieb: „Ewig sagt der Mensch, der mächtig und tierisch zugleich ist, zu der Schwäche seines Geschlechts: Du bist um meinetwillen da; und spielt dann über die gereihten Scharen derselben wie über gereihte Saiten des Hackbretts, was achtet er das Springen der Saiten, es sind ja nur Saiten; soviel Männer im Land sind, soviel hat er ja Saiten; soviel ihrer springen, soviel wirft er weg; und soviel er wegwirft, soviel spannt er wieder über sein löchriges, klimperndes Brett – es sind ja nur Saiten."

Solche „Hackordnungen" sind leider auch in christlichen Gemeinden zu beobachten. Nur wird darüber meist nicht offen und ehrlich geredet. Von der Macht getriebene Menschen haben den Drang, die Herzen und Gedanken anderer zu lenken. Sie versuchen, die Gemeinde und ihre Leiter unter ihren Einfluss zu bringen. Sie sind Wölfe in Schafspelzen. Der Apostel Paulus kritisiert die Korinther, sie würden solche Menschen gewähren lassen: „Ihr ertragt es, wenn euch jemand knechtet, wenn euch jemand ausnützt, wenn euch jemand gefangen nimmt, wenn euch jemand erniedrigt, wenn euch jemand ins Gesicht schlägt" (2. Korinther 11,20). Ein Machtbesessener ist dauernd in Angriffsstellung; Macht ist sein Lebenselixier. Nicht selten gelingt es ihm, einen Teil der Gemeinde unter seinen Einfluss zu bringen, sodass tragische Gemeindespaltungen entstehen. Machtmenschen sind für den Fortbestand der Gemeinden gefährlich. Ihre Motive müssen rechtzeitig erkannt und offengelegt werden.

Welche Rolle spielen Lehrfragen in schwelenden Konflikten? Obschon sich gerade Machtmenschen gerne auf die „richtige Lehre" oder auf „biblische Prinzipien" berufen, spielen Lehrunterschiede bei Lichte besehen keine oder nur eine untergeordnete Rolle. Manchmal müssen Lehrfragen im Nachhinein als Begründungen für Trennungen herhalten, die während des Konfliktes kaum eine Rolle gespielt haben.

Der Theologe und Kulturkritiker Francis Schaeffer (1912–1984) beschreibt seine diesbezüglichen Erfahrungen in seinem lesenswerten Büchlein *Das Kennzeichen der Christen* wie folgt: „Ich habe in den Auseinandersetzungen unter wahren Christen in vielen Ländern eines beobachtet: Was wahre christliche Gruppen und einzelne Christen trennt und voneinander scheidet – was über 20, 30 oder 40

Jahre hinweg (oder über 50 bis 60 Jahre im Gedächtnis der Söhne) dauernde Bitterkeit hinterlässt – ist nicht die Frage der Lehre oder des Glaubens, an der sich der Streit entzündet. Immer ist es der Mangel an Liebe – und die hässlichen Worte, mit denen wahre Christen einander während des Streites bedachten. Die bleiben im Gedächtnis hängen. Im Laufe der Zeit erscheinen die sachlichen Gegensätze zwischen den Christen oder den christlichen Kreisen nicht mehr so scharf wie zuvor, es bleiben aber die Spuren jener bitteren, hässlichen Worte, die in einer – wie wir meinten – berechtigten und sachlichen Diskussion gefallen sind."

Die Christusgemeinde ist eine Stiftung Gottes. Gott ist in sich eine dreieinige Gemeinschaft. Er ist die Vielfalt in der Einheit. So erschuf er auch den Menschen mit einem „Gemeinschaftsgen". Nur in der Gemeinschaft mit anderen Menschen können unsere Grundbedürfnisse nach Liebe, Nähe, Geborgenheit und Bedeutung gestillt werden. Die christliche Gemeinschaft ist kein Ideal, sie ist vielmehr eine von Gott durch Jesus Christus geschaffene Wirklichkeit. Von dieser Wirklichkeit soll unser Leben, Reden und Handeln Zeugnis geben. Nur real praktizierte Liebe wirkt anziehend.

Ein erfreuliches und seltenes Zeichen der Versöhnung gaben im Jahr 2009 zwei freikirchliche Verbandsleitungen: Der Evangelische Brüderverein (EBV) und die Vereinigung Freier Missionsgemeinden (VFMG). Vorausgegangen war eine 42 Jahre zurückliegende schmerzliche Trennung. Über ein Drittel der Gottesdienstbesucher des EBV ging damals weg und gründete Freie Missionsgemeinden. Die Trennungsgründe gingen auf eine Engführung in Leben und Lehre zurück. Etliche führende Männer versuchten auf dem, was der Gründer des EBV, Fritz Berger, gelehrt hatte, zu beharren, und widersetzten sich jeder geistlichen Erneuerung. Das führte in der zweiten und dritten Generation zu starken Spannungen und schließlich zur Trennung. Rückblickend muss man aber sagen: In Wirklichkeit mangelte es an brüderlicher Liebe.

Im Rahmen der Vorbereitung der Feiern für das hundertjährige Bestehen des EBV fand eine eindrückliche Versöhnung zwischen prominenten Vertretern des EBV – der sich inzwischen den Namen „Gemeinde für Christus" (GfC) zugelegt hat – und der VFMG statt. Es wurde Rückschau gehalten, vor Gott und Menschen um Vergebung gebeten und in Lied und Gebet Versöhnung gefeiert. „Es war Himmelreich", äußerte sich ein Beteiligter. Weil das Rad der Geschichte nicht zurückgedreht werden kann, wurde in einer Erklärung (s. Anhang) festgehalten, dass die beiden Freikirchen ihren Weg auch in Zukunft eigenständig weitergehen wollen – allerdings nun nicht mehr als getrennte, sondern als versöhnte Brüder.

6

Du bist einmalig

Ich danke dir dafür,
dass ich wunderbar gemacht bin.
Psalm 139,14

Max Lucado beschreibt in seinem Buch *Du bist einmalig* die Geschichte eines kleinen Volkes von Holzpuppen – den Wemmicks. Sie wurden von dem Holzschnitzer Eli gemacht. Jeder Wemmick war anders. Jeden Tag steckten die Wemmicks einander Aufkleber an. Die Schönen, deren Holz ganz glatt war und deren Farben strahlten, bekamen goldene Sternchen. Wenn das Holz eines Wemmicks rau war und seine Farbe abblätterte, bekam er graue Punkte. Punchinello gehörte zu Letzteren. Nach einiger Zeit übernahm Punchinello die Meinung der anderen Wemmicks über sich selbst, sodass er überzeugt war, dass er ein schlechter Wemmick war.

Eines Tages traf er Lucia, ein Wemmick-Mädchen. Lucia war ganz anders als alle anderen. Sie hatte weder Sterne noch Punkte; sie war einfach nur aus Holz. Die Aufkleber hielten bei ihr einfach nicht.

So will ich auch sein, dachte Punchinello. Also fragte er Lucia, wie sie das geschafft habe. Sie erwiderte, dass dies ganz einfach sei. Sie besuche jeden Tag den Holzschnitzer Eli und setze sich zu ihm in die Werkstatt. Sie forderte Punchinello auf, dies doch auch zu tun. So beschloss Punchinello, Eli zu besuchen.

Er ging den Hügel hinauf und betrat die große Werkstatt. Alles war so groß, und was er sah, machte ihm Angst. Er drehte sich zur Tür und wollte wieder gehen, aber dann hörte er seinen Namen und blieb stehen.

„Punchinello, wie schön, dass du da bist. Komm her und lass dich anschauen."

Punchinello blickte den großen bärtigen Handwerker an. „Du kennst mich?", fragte er.

„Aber natürlich kenne ich dich; ich habe dich doch gemacht."

Als Eli die vielen grauen Punkte sah, meinte er: „Es sieht so aus, als hättest du schlechte Noten bekommen."

„Ich wollte das nicht", klagte der Kleine.

„Du musst dich vor mir nicht verteidigen", erwiderte Eli, „mir ist egal, was die anderen Wemmicks denken, und dir sollte es auch egal sein; wichtig ist, was ich denke, und ich denke, dass du einmalig bist."

Punchinello zweifelte: „Warum bin ich so wichtig für dich?"

Langsam sagte Eli: „Weil du mir gehörst, darum bist du für mich wichtig."

Noch nie hatte Punchinello so etwas gehört. Nach langem Nachdenken wollte er wissen, warum die Aufkleber bei Lucia nicht haften blieben.

Eli antwortete: „Weil sie beschlossen hat, dass es wichtiger ist, was ich denke, als das, was die anderen denken. Die Aufkleber haften nur, wenn du es zulässt."

Punchinello verstand nicht, und Eli fuhr fort: „Die Aufkleber haften nur, wenn sie für dich wichtig sind. Je mehr du meiner Liebe vertraust, desto weniger bedeuten dir die Aufkleber der anderen."

Der kleine Wemmick wunderte sich und sagte, dass er das nicht verstehe.

Eli lächelte: „Das kommt schon. Komm einfach jeden Tag zu mir, damit ich dich daran erinnern kann, wie wichtig du mir bist."

„Denke daran", sagte er, als der kleine Wemmick durch die Tür ging, „du bist einmalig, weil ich dich gemacht habe, und ich mache keine Fehler."

Punchinello dachte in seinem Herzen: *Ich glaube, er meint es ernst.* Und als er das dachte, fiel ein Aufkleber auf den Boden.

Diese feine gleichnishafte Geschichte führt uns zur uralten Frage: Was ist der Mensch? Oder – um es mit dem Titel des Bestsellers des Philosophen

Richard David Precht auszudrücken: *Wer bin ich – und wenn ja, wie viele?* Bin ich das, was ich gelernt habe, was mir von Kindheit an beigebracht worden ist? Bin ich das, was ich fühle, was mir mein Bauch oder mein Gewissen sagt? Bin ich das, was ich denke – im Sinne des berühmten Wortes des Philosophen Descartes: „Ich denke, also bin ich"? Bin ich das, was ich leiste oder geleistet habe? Aber was ist, wenn ich krank, arbeitslos, verrentet oder alt werde? Bin ich das, was ich will? Kann ich überhaupt wollen, was ich will? Bin ich nicht vielmehr ein Produkt, das aus Reiz und Reaktion besteht, oder werde ich, wie Sigmund Freud meinte, vom Lusttrieb gesteuert? Fragen über Fragen!

Ergänzend stellt sich die Frage nach dem Wert, der einem Menschen zugesprochen wird. Nach der Völkerschlacht von Leipzig soll Napoleon seine sterbenden und toten Soldaten als „wertlose Masse" bezeichnet haben.

Der Versicherungswert eines Schweizer Straßenopfers beträgt 1,2 Millionen Franken. Das entspricht bei 1 000 Verkehrstoten einem volkswirtschaftlichen Verlust von 1,2 Milliarden Franken. In der Wirtschaft spricht man von den Arbeitnehmern als „Humankapital" (das Unwort des Jahres 2004!).

Auch vom „Materialwert" ist manchmal die Rede. So hat jemand berechnet, dass sich 70 kg Körpergewicht aus 46 Liter Wasser, 12 kg Eiweiß, 7,5 kg Fett, 3,8 kg Salzen und 0,7 kg Zucker zusammensetzen.

Dazu kommt gerade so viel Eisen, wie man benötigt, um einen Nagel herzustellen, sowie ein wenig Phosphor, der für zirka 10 Zündholzschachteln reicht. Der gesamte „Materialwert" beträgt nicht viel mehr als ein paar Franken oder Euro. Eine andere Berechnungsbasis bilden die „Beschaffungskosten" für die Stoffe, die für die Lebensvorgänge unentbehrlich sind, wie Enzyme, Hormone, Eiweißstoffe, Nukleinsäuren. Ihr biochemischer Wert liegt bei 6 Millionen Franken. Die illegalen Organhändler wissen, dass mit Herz, Niere, Leber und anderen Organen des menschlichen Körpers bis zu 100 000 Schweizer Franken erzielt werden können – ein überaus dunkles Kapitel der Gegenwart.

Regelrecht anstößig sind Ablösesummen beim Sport. Für den portugiesischen Fußballspieler Ronaldo wurden 132 Millionen Schweizer Franken bezahlt.

Walter Kohl beschreibt in seinem Buch *Leben oder gelebt werden,* wie er als Schuljunge mitbekam, dass man im Falle seiner Entführung bereit gewesen wäre, maximal fünf Millionen DM für ihn zu bezahlen. Das hat sich bei dem Jungen tief eingeprägt: *Ich bin nur fünf Millionen wert!*

Schließlich sei noch der moderne Sklavenhandel erwähnt, das Geschäft mit Frauen, die man zur Prostitution zwingt, oder mit Kindern, die man als Haushaltshilfen und für andere dunkle Geschichten verkauft. Weltweit ein Milliardengeschäft!

Karrieristen wird spätestens nach ihrem Rücktritt schmerzlich bewusst, dass all die Einladungen und Ehrenbezeugungen, die sie erhalten haben, nicht ihrer Person galten, sondern dem hohen Amt, das sie bekleideten – eine ernüchternde Erfahrung! Nicht nur viele Frauen, sondern auch viele Männer denken, sie seien so viel wert wie ihr Outfit (ihre körperliche Fitness, ihr Aussehen, ihre Frisur, ihre Kleider). Sie sind bereit, dafür viel Geld auszugeben.

Zuallerletzt noch dies: Harmoniebedürftige Menschen denken, sie seien so viel wert, wie sie anderen wert sind. Eine Sackgasse, wie uns die Geschichte des kleinen Wemmick Punchinello lehrt.

Nun aber zurück zu den Grundfragen: Wer bin ich wirklich und was macht mich echt wertvoll und einzigartig? Sowohl im deutschen Grundgesetz als auch in der Schweizerischen Bundesverfassung gibt es einen Artikel, der besagt, dass die Würde des Menschen zu achten und zu schützen ist. In Artikel 8 der Schweizerischen Bundesverfassung steht unter dem Titel „Rechtsgleichheit": „Niemand darf diskriminiert werden, namentlich wegen der Herkunft, der Rasse, des Geschlechts, des Alters, der Sprache, der sozialen Stellung, der Lebensform, der religiösen weltanschaulichen oder politischen Überzeugung oder wegen einer körperlichen, geistigen oder psychischen Behinderung."

Die verfassungsmäßigen Grundrechte, auch Menschenrechte genannt, haben, ideengeschichtlich gesehen, ihr Fundament in der Bibel. Der Mensch ist nicht aus Zufall entstanden, auch nicht aus dem Nichts. Gott erschuf ihn aus „Erde vom Acker". Wie der Töpfer aus Ton ein Gefäß formt, so formte Gott in harter Handarbeit das Wunderwerk Mensch. Dann blies Gott dem Menschen „den Odem des Lebens in seine Nase" (1. Mose 2,7). Und nun folgt noch ein wichtiger Satz: „Und Gott schuf den Menschen zu seinem Bilde, zum Bilde Gottes schuf er ihn; und schuf sie als Mann und Frau" (1. Mose 1,27). Nicht gleichgeschlechtlich oder gleichartig, aber unbestritten gleichwertig. Eine klare Abgrenzung gegenüber der Gender-Ideologie.

In der Antike ließen manche Herrscher in ihren Reichen Bildsäulen von sich aufstellen, um so vor aller Augen ihre Macht zu demonstrieren. Es gab Herrscher, die von sich behaupteten, sie seien Gottessöhne. Ähnlich hat Gott Ebenbilder von sich selbst als seine Stellvertreter auf die Erde gestellt. So trägt ausnahmslos jeder Mensch diese geheimnisvolle Würde, die Ebenbildlichkeit in sich. Deshalb hat jeder Mensch eine klare Bestimmung und einen schönen Auftrag, nämlich für den Fortgang des menschlichen Geschlechts zu sorgen sowie die Schöpfung zu bebauen und zu bewahren (s. 1. Mose 1,28; 2,15). Die Ebenbildlichkeit mit Gott macht deutlich, dass kein Mensch diskriminiert werden darf.

Vielleicht liest jemand diese Zeilen, der sich abgewiesen, beschimpft, körperlich und seelisch missbraucht, ja, wie der Auswurf der menschlichen Spezies fühlt. Eine tief gedemütigte Frau sagte einmal: „Ich komme mir vor wie eine Coca-Cola-Dose: ausgesoffen, zerstampft und weggeworfen."

Hätte ich eine Schulklasse vor mir, würde ich eine Demonstration mit einem 20-Euro-Schein machen. Zuerst würde ich fragen: „Wer möchte diese 20 Euro?" Ich bin überzeugt, dass die ganze Klasse die Hand hochstrecken würde. Dann würde ich den Schein zerknüllen und fragen, wer ihn jetzt noch haben möchte. Ich bin sicher, dass auch jetzt viele die Hand erheben würden. Zuletzt würde ich den Schein mit meinen Schuhen zerstampfen. Aber auch jetzt noch würden die meisten den Schein wollen. Warum? Weil er seinen Wert behalten hat und man ihn jederzeit bei der Bank gegen einen neuen eintauschen kann, selbst wenn er eingerissen ist. So ist es mit uns Menschen. Wir verlieren die Ebenbildlichkeit nie. Jeder Mensch ist einmalig, ein Unikat aus der Hand des Schöpfers.

Staunend fragt der Psalmist: „Was ist der Mensch, dass du seiner gedenkst, und des Menschen Kind, dass du dich seiner annimmst?" Die Antwort gibt er gleich selbst: „Du hast ihn wenig niedriger gemacht als Gott, mit Ehre und Herrlichkeit hast du ihn gekrönt. Du hast ihn zum Herrn gemacht über deiner Hände Werk, alles hast du unter seine Füße getan"

(Psalm 8,5–7). Wenig niedriger als Gott – gilt das auch für diskriminierte, kranke, behinderte, mit einer Anomalie geborene, alte und demente Menschen? In einer TV-Sendung über eine Behindertenstätte sagte ein Behinderter zu seinem Betreuer: „Gelt, ich bin arg dumm?" – „Nein", sagte der Betreuer und legte den Arm um seinen Schützling, „du hast alles, was du brauchst, um Gott Freude zu machen und damit auch wir dich gern haben."

Die Ebenbildlichkeit mit Gott ist eine Eigenschaft, die kein Mensch verleugnen oder gar verlieren kann – unabhängig davon, ob wir mit Gott versöhnt sind oder unversöhnt dahinleben. In Psalm 139,14 steht das außergewöhnliche Dankwort: „Ich danke dir dafür, dass ich wunderbar gemacht bin." Ich habe an vielen Gebetsanlässen in größeren und kleineren Gruppen teilgenommen. Aber noch nie habe ich jemanden gehört, der dafür gedankt hätte, dass er wunderbar gemacht ist. Warum eigentlich? Vielleicht aus einer natürlichen Scheu, überheblich zu wirken. Aber lassen Sie uns nicht vergessen: Gottes Augen sahen uns, als wir noch nicht gebildet waren. Unsere Tage – vom Anfang bis zum Ende – stehen im Buch des Lebens. Gott hat uns gewollt, geplant und in seiner Schöpfung einen bestimmten Platz zugewiesen.

Der Holzschnitzer Eli sagte zu dem kleinen Wemmick: „Denk daran, du bist einmalig, weil ich dich gemacht habe. Und ich mache keine Fehler."

Gott macht keine Fehler. Aus tiefstem Herzen dürfen wir mit dem Psalmisten sagen: „Ich danke dir dafür, dass ich wunderbar gemacht bin."

Kommen wir noch einmal auf die Anfangsfrage zurück: Wer bin ich? Gemäß dem zweiten Gebot sollen wir uns kein Gottesbild machen. Als Mose Gott beim brennenden, aber nicht *ver*brennenden Dornbusch nach seinem Namen fragte, bekam er zur Antwort: „Ich bin, der ich bin" (2. Mose 3,14; Elb). Gott lässt sich nicht auf ein Bild oder eine Definition festlegen. Seine Identität ist ein Geheimnis. Das gilt letztlich auch für uns. Wir sollen nicht bis ins letzte Detail erforschen wollen, wer wir sind. Es genügt zu wissen, dass der, der uns erschaffen hat, uns durch und durch kennt. Nur er weiß, wie er uns gemeint hat. Wir müssen uns mit den Bruchstücken zufriedengeben, die wir erkannt haben, und mit dem blinden Fleck leben lernen, der unsere Identität verdeckt. Und das ist gut so, denn kein Mensch kann es ertragen, in seine tiefsten Abgründe zu blicken. Über viel Ungutem hält Gott so seine schützende und bewahrende Hand.

„Erkenne dich selbst" – die Forderung des Orakels von Delphi, die auch die Freimaurer übernommen haben, entspricht nicht biblischem Denken. Wer nur sich selbst sucht, kann sich niemals finden. Im Gegenteil: Wer immer nur in den Spiegel schaut, macht sich selbst einsam. Der Schöpfer kennt das Geschöpf besser als das Geschöpf sich selbst. Diese

Erkenntnis muss den Verfasser von Psalm 139 zum Staunen gebracht haben, sodass er am Schluss betet: „Erforsche mich, Gott, und erkenne mein Herz; prüfe mich und erkenne, wie ich's meine, und sieh, ob ich auf bösem Wege bin, und leite mich auf ewigem Wege."

7

Gedankenstopp – Schubumkehr

Liebe deinen Nächsten wie dich selbst.
Galater 5,14

Versöhnte Beziehungen setzen die Annahme seiner selbst voraus. Selbstannahme hat viel mit der persönlichen Lebensanschauung zu tun. Diese erwerben wir in der frühesten Kindheit. Ein Mann erzählte mir, wie er seinem zweijährigen Jungen beigebracht hat, dass er niemandem vertrauen könne: Er stellte den Kleinen auf einen Tisch, trat einen Schritt zurück, streckte ihm die Arme entgegen und befahl: „Spring!" Verängstigt schaute der Junge seinen Vater an. Erst nach wiederholter Aufforderung sprang er schließlich. Aber der Vater schloss ihn nicht in die Arme, sondern ließ ihn zu Boden fallen. Was wurde dem Kind mit diesem verwerflichen Experiment eingeprägt? – Du kannst niemandem vertrauen, nicht einmal deinem eigenen Vater!

Gewisse Grundüberzeugungen erwerben wir von frühester Kindheit an durch tief gehende Einschärfungen, wie zum Beispiel:

› Aus dir wird nie etwas Rechtes!
› Du bist dumm!
› Du bist hässlich!
› Du spinnst!
› Aus dir wird nie ein Mann!
› Du bist eine richtige Eva!

Lange genug wiederholt, glaubt und akzeptiert das Kind diese Beurteilung von anderen. Da nützen dann auch Gegen-Einschärfungen nichts:

› Beeil dich!
› Streng dich an!
› Du bist schon in Ordnung!
› Du könntest, wenn du nur wolltest!
› Sei stark!
› Nimm dich zusammen!

So hat jeder Mensch in seinem Inneren eine große Datenbank mit Überzeugungen, Einstellungen und Erwartungen. Das eingebaute Aufnahmegerät nimmt jederzeit Botschaften auf und spielt sie beim Auftreten bestimmter Reize ab. So begegnen wir einem Menschen, den wir schon lange nicht mehr gesehen haben und der aus unserem Gedächtnis anscheinend entschwunden war, aber nun entstehen vor unseren Augen lebhafte Bilder aus der Vergangenheit, und wir haben das Gefühl, das alles sei erst gestern gewesen. Wir erinnern uns über unsere Sinne: Wir sehen, hören, riechen, schmecken, fühlen. Fotos, Filme und Melodien rufen Erinnerungen an Ferien oder wunderschöne Begegnungen hervor. Gerüche rütteln anscheinend längst vergessene Erinnerungen an Mutters Küche wach. Ich habe erlebt, dass knallharte Männer feuchte Augen bekamen, als sie das einfache Lied *Gott ist die Liebe* hörten, weil alte, schöne Erinnerungen wieder hochkamen.

Manche der gespeicherten Daten enthalten die Wahrheit, manche sind Lügen. Aber je öfter diese Daten abgespielt werden, desto fester glauben wir daran. Daraus bilden sich nach Thomas A. Harris vier Grundeinstellungen zu sich selbst und zu den anderen:

1. Ich bin nicht okay – du bist okay

Diese Einstellung ist in der westlichen Zivilisation stark verbreitet. Sie ist charakteristisch für die frühe Kindheit. Das Kind ist von der Fürsorge anderer abhängig. Es hat ein großes Bedürfnis nach Anerkennung und Streicheleinheiten. So kann ein Lebensdrehbuch entstehen, welches das „Nicht-okay-Gefühl" immer wieder neu bestätigt. Es macht klein, ohnmächtig, aggressiv und depressiv. Eine Möglichkeit, um das Negativdrehbuch zu überlisten, ist das Gegendrehbuch. Es entsteht aus der Gegeneinschärfung: „Du kannst okay sein, wenn ..." Das macht eifrig, willig und nachgiebig gegenüber Forderungen anderer. Weil so geprägte Menschen sich um Harmonie und Beifall bemühen, gehören sie zu „unseren besten Leuten". Leute mit dieser Lebenseinstellung haben sich auf lebenslanges Bergsteigen festgelegt: Wenn sie einen Gipfel erreicht haben, stehen sie dem nächsten Berg gegenüber. Was sie auch tun, das Lebensgefühl „Ich bin nicht okay – du bist okay" beherrscht ihr Leben.

2. Ich bin nicht okay – du bist nicht okay

Der dänische Denker Søren Kierkegaard (1813–1855) hielt in seinem Tagebuch fest: „Meine Schwermut hat viele Jahre lang bewirkt, dass ich nicht dahin kommen konnte, im tiefsten Sinn zu mir selber ,du' zu sagen." Später lieferte er eine mögliche Erklärung für diese Lebenshaltung. Im Tagebuch schreibt er über seinen ebenfalls schwermütigen Vater: „Das Entsetzliche mit dem Mann, der einmal als kleiner Junge, als er Schafe hütete auf der jütischen Heide, viel Schlimmes litt, hungerte und fror, sich auf eine Anhöhe stellte und Gott verfluchte – und der Mann war nicht im Stande, das zu vergessen, als er 82 Jahre alt war." Wenn Kierkegaards Vater seinen schwermütigen Sohn sah, verfiel er selbst in stille Verzweiflung. So prägte sich bei beiden in ihrem Innersten das Gefühl „Ich bin nicht okay – du bist nicht okay" ein. Ein Mensch mit dieser Lebenshaltung steht in der Gefahr aufzugeben. Für ihn „stinkt's" in der ganzen Welt. Er ist unglücklich, verbittert und hoffnungslos. Aus seiner Sicht sind alle anderen um ihn herum ebenso unglücklich.

3. Ich bin okay – du bist nicht okay

Am 19. April 1995 jagte ein junger Mann namens Timothy James McVeigh das Regierungsgebäude der amerikanischen Stadt Oklahoma in die Luft. 168 unschuldige Menschen starben. Sein Motiv? Er wollte die Verfassung verteidigen und der amerikanischen Regierung einen Denkzettel verpassen. Ein Mann mit einem total verirrten Gewissen. Erhobenen Hauptes, ohne das geringste Gefühl von Reue, ging er zu seiner Hinrichtung. Bis zuletzt war er der Überzeugung: „Ich bin okay – alle anderen sind nicht okay." Eine klar kriminelle Einstellung. Aber diese Grundeinstellung ist in stark abgemilderter Form auch bei manchen Lehrern, Beamten und Polizisten anzutreffen sowie beim Pharisäer im Tempel, der betete: „Ich danke dir, Gott, dass ich nicht bin wie die andern Leute (...) wie dieser Zöllner" (Lukas 18,11). Aber aufgepasst, denn auch wir stehen in der Gefahr zu denken: *Ich bin dankbar, dass ich nicht so bin wie andere, wie z. B. diese Pharisäer.*

4. Ich bin okay – du bist okay

Die ersten drei Lebenseinstellungen werden meist unbewusst übernommen, weil sie früh im Leben geprägt worden sind; die vierte Lebensanschauung ist eine bewusste Entscheidung. Die ersten drei Einstellungen beruhen auf Gefühlen; die vierte beruht auf Denken, Glauben und Wollen. Damit ist angedeutet, dass wir in einer der drei zuerst genannten Einstellungen nicht lebenslang gefangen bleiben müssen, sondern uns bewusst für die Lebensanschauung „Ich bin okay – du bist okay" entscheiden können.

Der amerikanische Psychiater Chris Thurman beschreibt in seinem Buch *Lügen, die wir glauben* einen Weg, wie wir zu einer versöhnten Lebenseinstellung kommen können. Sie heißt: „Gedankenstopp! – Schubumkehr!" Hier ein Beispiel aus meinem eigenen Erleben: Meine Frau und ich sind in Siena, der schönen Hauptstadt der Toskana. Meine Liebste geht auf die Suche nach Geschenken für die Enkelkinder; ich mache mich auf zur Postbank, um Geld von meinem Konto abzuheben. Die Menschenschlange vor dem einzigen Schalter ist lang. Es bleibt mir nichts anderes übrig, als mich ganz hinten anzustellen. Nur mühsam geht es vorwärts. Ich beginne, ungeduldig zu werden und innerlich zu kochen. Schließlich steht nur noch eine alte Frau zwischen mir und dem offenen Schalter. Sie kramt umständlich in ihrer Tasche und muss sich viel erklären lassen. Die

Zeit verrinnt und ich werde immer ungeduldiger. In mir keimen schlechte Gedanken über die arme Frau auf und ich beginne, sie innerlich zu verwünschen.

Gedankenstopp!

Endlich setzt bei mir das bewusste Denken ein und ich frage mich: *Warum bist du so erregt? Warum musst du das Tempo am Postschalter bestimmen? Warum muss eigentlich bei dir alles perfekt und wie am Schnürchen ablaufen?* In meiner Gedankenwelt beginnt sich durch das lautlose Selbstgespräch etwas zu verändern. Schließlich geschieht die Schubumkehr: Die alte Frau darf doch nicht Opfer meiner Lebenseinstellung werden. Plötzlich sehe ich die Szene mit ganz neuen Augen. Und als ich dann endlich dran bin und mein Geld bekomme, bin ich total entspannt.

Unser Leben wird entscheidend durch das bestimmt, was wir denken – über uns selbst und über die anderen. Gedanken haben Macht – positive oder negative. Gedanken entscheiden über das, was wir fühlen. Wir tragen Verantwortung für das, was wir denken. Der Müll in unserem Denken muss weg; Neues muss unsere Gedankengänge bestimmen.

Die gute Nachricht lautet: Tief sitzende, auch unbewusste Prägungen können geändert oder gar gelöscht werden. Falsche Grundeinstellungen können überwunden werden. Jesus sagt: „Du sollst deinen Nächsten lieben wie dich selbst." Das heißt gar nichts anderes, als dass ich dahin kommen kann zu sagen: „Ich bin okay – du bist okay."

Der Philosoph Romano Guardini (1885–1968) schreibt in seiner Schrift *Die Annahme seiner selbst:* „An der Wurzel von allem liegt der Akt, durch den ich mich selbst annehme. Ich soll damit einverstanden sein, der zu sein, der ich bin. Einverstanden, die Eigenschaften zu haben, die ich habe. Einverstanden, in den Grenzen zu stehen, die mir gezogen sind. Die Klarheit und Tapferkeit dieser Annahme bildet die Grundlage allen Existierens." Also nicht „wehmütig grüßt der, der ich bin, den, der ich sein möchte", sondern: „Ich danke dir dafür, dass ich wunderbar gemacht bin" (Psalm 139,14).

In drei Evangelien wird das Gebot „Du sollst deinen Nächsten lieben wie dich selbst" dem Gebot der Gottesliebe gleichgestellt (Matthäus 22,36–40; Markus 12,29–30; Lukas 10,27). Zum ersten Mal finden wir das Gebot in 3. Mose 3,18.19. Dann noch dreimal im Neuen Testament (Römer 13,9; Galater 5,14; Jakobus 2,8). Überall steht neben der Aufforderung zur Nächstenliebe der gewichtige Zusatz „wie dich selbst". Es heißt nicht: „Liebe deinen Nächsten *statt* dich selbst", sondern: „Liebe deinen Nächsten *wie* dich selbst." Zugespitzt heißt das: „Nimm dich selbst an!" Keine Nächstenliebe ohne Selbstliebe! Das klingt für christlich geprägte Menschen herausfordernd.

Walter Trobisch (1923–1973) bringt es im Buch *Liebe dich selbst* auf den Punkt: „Wir sind so auf Selbstaufgabe, Selbstaufopferung, Selbstverleugnung getrimmt, die Angst vor jeglicher ‚egoistischen'

Regung ist uns so eingeimpft, dass uns die Aufforderung zur Selbstliebe fast als eine Blasphemie, eine offene Aufforderung zur Gottlosigkeit und zum Ungehorsam erscheint." Es gilt, deutlich zu unterscheiden zwischen Selbstliebe und Selbstverliebtheit oder auch Narzissmus. Dieser Name kommt von einer griechischen Legende. Sie erzählt vom Jüngling Narziss, der sich, in den Brunnen schauend, so in sein eigenes Spiegelbild verliebt, dass er ins Wasser fällt und elendiglich ertrinkt. Teile unserer Gesellschaft haben narzisstische Züge. Man denke nur an Casting-Shows oder Reality-Sendungen im Fernsehen, die zu einer Epidemie der Selbstverliebtheit geworden sind. Es gibt Psychologen, die deshalb von der „Generation me", der „Generation ich", reden.

Stehen Selbstannahme und Selbstliebe nicht im Widerspruch zu dem Jesus-Wort in Johannes 12,25: „Wer sein Leben lieb hat, der wird's verlieren; und wer sein Leben auf dieser Welt hasst, der wird's erhalten zum ewigen Leben"? Die Antwort muss lauten: Nur wenn ich mich angenommen habe, kann ich auch loslassen. „Ich kann nur geben, was ich habe, nur loslassen, was ich halte, nur verlieren, was ich besitze, nur verleugnen, was ich bin, nur hassen, was ich liebe", sagt Walter Trobisch. Jesus selbst ist ein Beispiel vollkommener Selbstannahme. Vollmächtig konnte er sagen: „Ehe Abraham wurde, bin ich" (Johannes 8,58), oder: „Ich und der Vater sind eins" (Johannes 10,30). Seine Identität hatte ihren Urgrund in der innigen Beziehung zum Vater. Deshalb konnte er sich selbst entäußern, Sklavengestalt annehmen, sich erniedrigen und gehorsam werden bis zum qualvollen Tod am Kreuz.

Selbstannahme kann man lernen. Wie? Indem ich lerne, mich lieben zu lassen. Es ist nicht so, wie der französische Philosoph Jean-Paul Sartre (1905–1980) gesagt hat: „Die Hölle, das sind die anderen." Da stimme ich lieber dem jüdischen Denker Martin Buber (1878–1965) zu, der sagte: „Der Mensch kommt zu sich selbst über das Du." Der große Künstler Michelangelo (1475–1564) schrieb seiner Freundin: „Wo ich dein bin, bin ich erst ganz mein." Davon wusste auch der ledige Paulus: „Wer seine Frau liebt, der liebt sich selbst" (Epheser 5,28). Wer sich selbst entwertet, verachtet oder minderwertig fühlt, kann nicht lieben. Das Maß der Selbstachtung bestimmt das Maß der Nächstenliebe. Das Geheimnis der Selbstannahme lautet: „Lasst uns lieben, denn er hat uns zuerst geliebt" (1. Johannes 4,19). Gott hat uns in Jesus Christus bedingungslos angenommen. Er hat den ersten Schritt gemacht. Er liebte uns bereits, als es noch gar nichts Liebenswertes an uns gab. Martin Luther (1483–1546) sagte: „Die Liebe Gottes liebt nicht das Liebenswerte. Sie schafft das Liebenswerte." Gott akzeptiert uns so, wie wir geprägt worden sind, aber er möchte nicht, dass wir so bleiben, wie wir sind. Er arbeitet. Er meißelt das Bild heraus, das er haben will – lebenslang.

8

Fröhlicher Tausch

Lasst euch versöhnen mit Gott!
2. Korinther 5,20

Charles Dickens (1812–1870) erzählt in seinem Buch *Zwei Städte* eine eindrückliche Geschichte:

Der Franzose Charles und der Engländer Sidney, die recht ähnlich aussehen, lieben die gleiche Frau – Lucie. Lucie entscheidet sich für Charles. Die beiden bekommen ein Kind. Sie geraten in die Wirren der Französischen Revolution. Charles wird gefangen gesetzt und zum Tode verurteilt. Am Vorabend der Hinrichtung bekommt er Besuch von Sidney. Er bietet Charles an, den Platz mit ihm zu tauschen. Davon will dieser nichts wissen, aber Sidney betäubt ihn, lässt ihn in einer Kutsche wegschaffen und nimmt seinen Platz im Gefängnis ein.

In der Nacht kommt eine junge Näherin zu Sidney. Sie ist ebenfalls zum Tode verurteilt. Als sie merkt, dass er nicht Charles ist, reißt sie entsetzt die Augen auf und fragt: „Stirbst du etwa für ihn?"

Sidney erwidert: „Und für seine Frau und sein Kind, jawohl."

Die Näherin bekennt darauf, dass sie Angst hat, dem Tod ins Auge zu sehen. Als das Ende kommt, gehen die beiden gefasst Hand in Hand zur Hinrichtung. Die Näherin zerbricht unter dem Gewicht ihres Schicksals nicht, sondern das Wunder des stellvertretenden Opfers von Sidney verleiht ihr die Kraft, die letzte Probe zu bestehen.

Diese Geschichte führt uns ins Zentrum des gewaltigen Themas „Versöhnung". Der Evangelist Wilhelm Busch (1897–1966) stellte in einem Artikel aus dem Jahre 1952 folgende Frage: „Was fehlt denn unserer Predigt, die so gut und so sicher und zeitnah ist – und die trotz aller Bemühungen am Menschen vorbeiredet und keine Bewegung schafft? Dies fehlt ihr: Es fehlt ihr die Angst, dass Hörer und Prediger in die Hölle kommen könnten." Jeder Mensch steht von Geburt an unter dem Zorn Gottes und geht ewig verloren, wenn er nicht mit Gott versöhnt wird. Der „Zorn Gottes" ist in der heutigen Gesellschaft zum Tabuthema geworden. Selbst bekennende Christen und manche evangelikale Prediger wagen nicht mehr, diese Worte in den Mund zu nehmen. Gottes Wort macht unmissverständlich klar, dass wir uns seit dem Sündenfall im Zustand der Feindschaft mit Gott befinden, denn das Trachten des menschlichen Herzens ist „Feindschaft gegen Gott, weil das Fleisch dem Gesetz Gottes nicht untertan ist; denn es vermag's auch nicht" (Römer 8,7). Deshalb spricht die Heilige Schrift in diesem Zusammenhang vom Zorn Gottes: „Denn Gottes Zorn wird vom Himmel her offenbart über alles gottlose Wesen und alle Ungerechtigkeit der Menschen, die die Wahrheit durch Ungerechtigkeit niederhalten" (Römer 1,18).

Gott liebt die von ihm geschaffenen Menschen; sie sind ihm nicht gleichgültig. Doch wenn sie seine Liebe zurückweisen und sich der nichtigen Götzenwelt zuwenden, ist er zornig. Daher gehört der Zorn genauso zum Wesen Gottes wie die Liebe. Gott ist heilig und zugleich Liebe. Er ist gerecht und zugleich gütig, richtend und zugleich gnädig, wahrhaftig und zugleich barmherzig, eifersüchtig und zugleich treu, zornig und zugleich langmütig.

Deshalb mahnt der Apostel Paulus: „Darum sieh die Güte und den Ernst Gottes ...!" (Römer 11,22). Es lässt sich mühelos feststellen, dass in der Bibel mehr vom Zorn Gottes die Rede ist als von seiner Liebe und Barmherzigkeit. Weil Gott ein heiliger Gott ist, hasst er die Sünde. Im Tod Jesu am Kreuz erleben wir nicht nur den Höhepunkt der Liebe Gottes, sondern auch den Höhepunkt seines Zornes.

Das Wort „Versöhnung" kommt im Neuen Testament zehnmal vor, davon allein fünfmal in

2. Korinther 5,18–20. Diese Stellen beziehen sich immer auf das Verhältnis zwischen Gott und Mensch. In der Grundbedeutung heißt Versöhnung: Austausch, Wechsel, Veränderung. Im übertragenen Sinn heißt das: Vertauschen von Feindschaft und Zorn gegen Liebe und Frieden.

Karfreitag ist das Fest des fröhlichen Tauschs. Gott tauscht mit den Menschen: Heil gegen Unheil, Frieden gegen Feindschaft, Gerechtigkeit gegen Ungerechtigkeit, herzliche Aufnahme in die Gemeinschaft Gottes gegen ewige Trennung von Gott, Leben gegen Tod.

Gott hat uns mit sich selbst versöhnt – durch das Opfer Jesu Christi. Das ist der ein für alle Mal gültige Königsweg der Versöhnung. So wurde Gottes Gerechtigkeit und Gnade Genüge getan. Martin Luther hat es trefflich auf den Punkt gebracht: „Die Sünde hat nur zwei Orte, wo sie ist. Entweder ist sie bei dir, dass sie dir auf dem Halse liegt, oder sie liegt auf dem Lamm Gottes. Wenn sie dir auf dem Rücken liegt, so bist du verloren. Wenn sie aber auf Christus ruht, bist du frei und wirst selig."

Die Not unter uns besteht darin, dass wir diese Wahrheit schon so oft gehört haben, dass sie zu etwas total Gewöhnlichem verkommen ist. Wir haben es gehört und wir wissen es, aber wir haben weder verstanden noch geglaubt. Luther war sich bewusst, dass sein Leben unter Gottes Zorn stand. Trotz seines frommen Mönchslebens quälte er sich ehrlich und selbstkritisch mit der Frage: „Wie kann ich vor Gott bestehen?" Das, was auf Golgatha geschah, war für ihn ein „Rätsel göttlicher Gerechtigkeit". Zum Glück hat er ein Jahr vor seinem Tod niedergeschrieben, wie die Weichen für sein Leben neu gestellt worden waren:

„Wiewohl ich als ein untadeliger Mönch lebte, verspürte ich doch unruhigen Gewissens, dass ich vor Gott ein Sünder sei und dass ich mich darauf verlassen könnte, durch meine eigene Genugtuung versöhnt zu sein. Ich liebte nicht nur nicht – nein, ich hasste den gerechten Gott, der die Sünder straft. Nicht gerade mit stummer Lästerung, sicherlich aber mit unermesslichem Murren entrüstete ich mich über Gott und sprach: als ob es nicht genug sei, dass die elenden Sünder, die auf ewig durch die Erbsünde verloren seien, mit aller nur denkbaren Not durch das Gesetz der Zehn Gebote bedrückt wären, habe Gott noch durch das Evangelium Schmerz auf Schmerz hinzugefügt und durch das Evangelium selbst uns seine Gerechtigkeit und seinen Zorn angedroht. So tobte ich in meinem wilden und verwirrten Gewissen und bemühte mich ungestüm um jene Stelle bei Paulus, von der ich brennend gern gewusst hätte, was St. Paulus wollte. Bis Gott sich erbarmte und ich, der ich Tag und Nacht nachgedacht hatte, den Zusammenhang der Worte begriff, nämlich: Der Gerechte wird aus Glauben leben. Da fing ich an, die Gerechtigkeit Gottes zu verstehen, durch die der Gerechte als durch ein Geschenk Gottes lebt, nämlich aus Glauben heraus. Und dass dies der Sinn sei: dass durch das Evangelium Gerechtigkeit Gottes offenbart werde, nämlich eine passive, durch die Gott uns in seiner Barmherzigkeit durch Glauben rechtfertigt, wie geschrieben steht: Der Gerechte soll aus Glauben leben. Hier spürte ich, dass ich völlig neu geboren sei und dass ich durch die geöffneten Pforten in das Paradies selbst eingetreten sei, und da erschien mir von nun ab die Schrift in einem ganz anderen Licht. Ich eilte durch die Schrift hindurch, wie es mein Gedächtnis hergab, und verglich in anderen Wörtern die Analogie, dass nämlich das Werk Gottes das ist, das Gott in uns tut, die Kraft Gottes, durch die er uns mächtig macht, die Weisheit Gottes, durch die er uns weise macht, die Stärke Gottes, das Heil Gottes, die Ehre Gottes. Und so sehr ich die Vokabel „Gerechtigkeit Gottes" gehasst hatte, so viel mehr nun hob ich dieses süße Wort in meiner Liebe empor, sodass jene Stelle bei Paulus mir Pforte des Paradieses wurde."

Luthers Turmerlebnis, so nennt man obiges Zeugnis, war die Geburtsstunde der Reformation und dürfte neben Luther selbst vielen Menschen zu ihrem Gotteserlebnis verholfen haben. Hilfreich ist nach wie vor die Antwort auf die 60. Frage des Heidelberger Katechismus aus dem Jahr 1563:

„Wie bist du gerecht vor Gott? – Allein durch wahren Glauben an Jesus Christus. Zwar klagt mich mein Gewissen an, dass ich gegen alle Gebote Gottes schwer gesündigt und keines je gehalten habe und noch immer zu allem Bösen geneigt bin. Gott aber schenkt mir ganz ohne mein Verdienst aus lauter Gnade die vollkommene Genugtuung, Gerechtigkeit und Heiligkeit Christi. Er rechnet sie mir an, als hätte ich nie eine Sünde begangen noch gehabt und selbst den ganzen Gehorsam vollbracht, den Christus für mich geleistet hat, wenn ich allein diese Wohltat mit gläubigem Herzen annehme."

So wird der von Gott inszenierte große Tausch zu einem fröhlichen Wechsel. „Denn er hat den, der von keiner Sünde wusste, für uns zur Sünde gemacht, damit wir in ihm die Gerechtigkeit würden, die vor Gott gilt" (2. Korinther 5,21). Die grundlegende Tat geschah durch Jesus Christus am Kreuz. Die Versöhnung mit Gott ist perfekt. Daran fehlt nichts. Sie ist volles, freies, ewiges Heil. Das ist der objektive feste Grund; im Glauben nehmen wir davon Besitz. „Wir sind Bettler, das ist wahr", sollen Luthers letzte Worte gewesen sein. Bettler, die das unverdiente Geschenk der Versöhnung mit Gott schlicht entgegennehmen dürfen. Das ist ein gewaltiger Trost – im Leben und im Sterben.

9

Echtes und falsches Schuldgefühl

Wo aber der Geist des Herrn ist, da ist Freiheit.
2. Korinther 3,17

Im Jahr 1959 erschien das bedeutsame Buch *Echtes und falsches Schuldgefühl.* Es hat bis heute an Aktualität nichts eingebüßt. Sein Verfasser, der Genfer Arzt und Vorkämpfer der *Médecine de la personne,* Paul Tournier (1898–1986), hat überzeugend aufgezeigt, dass kein Mensch frei von Schuldgefühlen ist. Wir ertappen uns ständig in der Rolle von Angeklagten. Die falschen Schuldgefühle werden in erster Linie durch Erziehung und Gesellschaft hervorgerufen; die wirkliche Schuld aber entsteht durch den Ungehorsam Gott und seinen Geboten gegenüber. Das heißt konkret, man kann sich schuldig fühlen, ohne es im Licht der Bibel wirklich zu sein.

Falsche oder grundlose Schuldgefühle entstehen bewusst oder unbewusst:

> durch Prägungen, Urteile und Verhaltensweisen anderer (Eltern, Lehrer, Autoritätspersonen),
> durch den gesellschaftsrelevanten, moralischen Kodex oder durch Tabus,
> durch das vermittelte Bild eines einseitig fordernden und angstmachenden Gottes,
> durch Vergleiche mit anderen.

Daraus entstehen bittere Vorwürfe, die wir uns selbst machen, und es bilden sich folgenschwere Minderwertigkeitsgefühle. Einen verheerenden Anteil an der Entstehung falscher Schuldgefühle hat die christliche Unterweisung, welche die Sünde einseitig auf bestimmte Verhaltensweisen und Taten beschränkt, derer man sich nur zu enthalten braucht, um ein angeblich gutes Gewissen zu haben. Tournier sagt: „In Wahrheit ist jedes durch das Urteil von Menschen hervorgerufene Schuldgefühl ein falsches Schuldgefühl, wenn es nicht innerlich durch ein Urteil Gottes bestätigt wird. Die wirkliche Schuld ist also oft eine ganz andere als die, welche aus Angst vor dem gesellschaftlichen Urteil und den Vorwürfen anderer Menschen hervorgerufen wird."

Echte oder reale Schuldgefühle werden durch das Bewusstsein hervorgerufen, gültige Werte verraten zu haben. Die einzig wahre Schuld besteht jedoch darin, von etwas anderem abhängig zu sein als von Gott allein. Echte Schuld ist eine geheim gehaltene Schuld. Sie entsteht durch den Verstoß gegen das erste Gebot: „Ich bin der HERR, dein Gott (...) du sollst keine anderen Götter haben neben mir" (2. Mose 20,2–3). Götzen gibt es viele: persönlicher Erfolg und das, was wir leisten; Macht und Ehre; Geld, Sex und lustbetontes Leben. Tim Keller sagt: „Das Loch, wo Gott wohnen sollte, versuchen wir mit allem Möglichen zu stopfen, nur nicht mit Gott."

Manche bekennen sich zu Gott und lieben Jesus, aber in Wirklichkeit erwarten sie die Errettung als Lohn für ein einwandfreies Leben. „Jesus muss in unserer Fantasie schöner sein als jeder Götze" (Tim Keller). Die göttlichen Gebote, die uns als Lebensregeln gegeben sind, sind nie von der Person Gottes losgelöst, der in Jesus Christus Mensch geworden ist. Wer nur eines dieser Gebote verfehlt, ist echt schuldig.

Niemand ist frei von echten und falschen Schuldgefühlen; wir alle dürsten nach Heil und Vergebung. Das Hindernis zum Empfang der Gnade ist die Verdrängung der Schuldgefühle, die Selbstrechtfertigung und die selbst gebastelte Tugendhaftigkeit. Auch die Übertragung der eigenen Schuld auf andere löst das Schuldproblem nicht. Schuldgefühle – echte und falsche – haben Zorn, Auflehnung und Angst im Gefolge, und diese führen zur bösen Tat. Die vollbrachte Tat zieht wiederum Schuldgefühle nach sich. Nur Vergebung und Gnade erzeugen Freude, Entspannung und Geborgenheit.

In allen christlichen Gemeinschaften gibt es Moralisten, die vom Geist des Richtens durchdrungen sind und damit krankhafte Schuldgefühle fördern. Aber glücklicherweise gibt es auch Boten der vergebenden Gnade Gottes, deren Botschaft von Schuldgefühlen entlastet. Die Berührung mit dem Evangelium ist ein Augenöffner. Wir erhalten dadurch die Fähigkeit, den Dingen auf den Grund zu sehen. Das falsche Schuldgefühl verschwindet beim Bewusstwerden echter Schuld. Die erkannte Schuld erzeugt Reue und führt zu Gott zurück, zu seiner Vergebung, Liebe und Gnade.

Es gibt unglückliche Christen, die immer gerade die Texte der Bibel lesen, die nicht an sie gerichtet sind. Das gilt vor allem für ängstliche und schwermütig veranlagte Menschen. Statt sich an den wunderbaren Trostworten und Versprechen der Bibel zu stärken, suchen sie mit krankhaftem Eifer die Texte heraus, die vom Zorn Gottes und seinen unerbittlichen Strafen sprechen. Sie meinen zum Beispiel, die Sünde wider den Heiligen Geist begangen zu haben. Sie zitieren das Bibelwort: „... wer aber den Heiligen Geist lästert, der hat keine Vergebung in Ewigkeit, sondern ist ewiger Sünde schuldig" (Markus 3,29). In Wirklichkeit richtet sich Jesus mit diesem Wort nicht an geängstigte Menschen, sondern an Menschen voller Selbstzufriedenheit, ohne Schuldbewusstsein, die das angebotene Heil und die Gabe des Heiligen Geistes missachten. „Man kann mit Sicherheit sagen, dass jeder, der fürchtet, eine Sünde wider den Heiligen Geist begangen zu haben, sie nicht begangen hat, gerade weil er sich ängstigt" (Tournier).

Ich habe mich oft gefragt, woher es wohl kommt, dass es unter den bekennenden Christen so wenig befreite, fröhliche und versöhnte Menschen gibt. Ich vermute, dass tief im Herzen aller Menschen die Überzeugung verankert ist: Für alles muss bezahlt werden. Selbst Menschen, welche die Versöhnung heiß ersehnen, haben äußerste Mühe, diese anzunehmen. Das Bedürfnis, selbst zu bezahlen, ist groß. Es verletzt unsere Eigenliebe, etwas zu erhalten, was wir nicht verdienen. Und deshalb haben wir Mühe, es anzunehmen. Alles muss bezahlt werden – das ist der Sinn der Riten und Opferhandlungen in den Religionen.

Aber Gott selbst ist es, der bezahlt, ein für alle Mal, zum höchsten Preis, der bezahlt werden kann: durch seinen eigenen Tod am Kreuz durch Jesus Christus. Die Tilgung unserer Schuld ist unentgeltlich. „Die Strafe liegt auf ihm, auf dass wir Frieden hätten, und durch seine Wunden sind wir geheilt" (Jesaja 53,5b). Nicht durch seine Wunder, sondern durch sein Blut, die Hingabe seines Lebens, sind wir gerettet. Seine Menschenliebe ist an keine Bedingung geknüpft.

In seinem Begleitbrief an Papst Leo X, dem er die Schrift *Von der Freiheit des Christenmenschen* gewidmet hatte, schrieb Luther: „Es ist ein kleines Büchlein, aber es ist doch die ganze Summe eines christlichen Lebens darin begriffen, so der Sinn verstanden wird." Der Papst hat nie Dankbarkeit für Luthers Schrift gezeigt, wohl aber viele Menschen, die die Schrift gelesen haben. In ihr erklingt der uralte Ton des Evangeliums: „Die Wahrheit wird euch freimachen. Wenn euch nun der Sohn frei macht, so seid ihr wirklich frei" (Johannes 8,32.36). Die christliche Freiheit gründet in der Person von Jesus Christus. Er schenkt uns die Freude, die wir als Sünder verloren haben. Es ist die Freiheit von allen Verderbens- und Götzenmächten, die uns gefangen nehmen und zu Sklaven machen wollen.

„Wer von euch ist der Stärkste?", fragte der Essener Jugendpfarrer Wilhelm Weigle (1862–1932) einmal die versammelten Jungen in der Jugendstunde.

Bald stand der Stämmigste vor ihm. Weigle hielt ihm einen Zwirnfaden hin: „Kannst du den zerreißen?"

„Kleinigkeit", antwortete der Junge.

„Dann halte einmal deine beiden Hände zusammen."

Zehn-, zwanzig-, dreißigmal schlang er den Faden darum und sagte: „Nun zerreiße ihn!"

Der Junge presste und drückte mit aller Kraft – umsonst.

„Es geht nicht!", gab er zu.

„Seht", rief Weigle, „das ist ein Beispiel für die Macht der Sünde! Der Verführer sagt: ‚Einmal ist keinmal!' Aber es werden daraus zwanzig- und dreißigmal und es entsteht eine unzerreißbare Fessel."

Dann nahm Weigle sein Taschenmesser. Ein leichter Druck – und die Fesseln fielen. „Seht! Das ist ein Beispiel für das Wort des Herrn Jesus: Wen aber der Sohn frei macht, der ist wirklich frei!" (Aus: *Neukirchener Kalender,* 25.5.2012)

Es geht aber bei der christlichen Freiheit nicht nur um die „Freiheit wovon", sondern vor allem um die „Freiheit wozu". Denn ein Christenmensch ist nach Luther nicht nur ein freier Herr aller Dinge und niemandem untertan, sondern auch ein dienstbarer Knecht und jedermann untertan. Luther wörtlich: „Denn wo ein Herz Christus so höret, das muss von ganzem Grunde fröhlich werden, Trost empfangen und süß werden gegen Christus, ihn wiederum lieb haben." Dann wird Jesus in unseren Gedanken schöner als jeder Götze.

10

Die Kraniche des Ibykus

Unser Trost ist,
dass wir ein gutes Gewissen haben.
Hebräer 13,18

In seiner Ballade *Die Kraniche des Ibykus* beschreibt Friedrich Schiller, wie die zwei Männer, die den Sänger Ibykus umbrachten, entdeckt werden: Sterbend bittet Ibykus einen über ihn hinwegziehenden Schwarm von Kranichen, die Mörder zu verklagen. Als die Mörder, bestens getarnt, mitten im Theaterpublikum Platz genommen haben, streicht ein Heer von Kranichen über die Menge hinweg. Dabei entfährt dem einen Täter der Schrei: „Sieh da, sieh da, Timotheus, die Kraniche des Ibykus!" Mit diesem Ausruf hat der Mann sich selbst als Täter und den Angeredeten als seinen Komplizen enttarnt.

Von Martin Luther stammt das Wort: „Ein böses Gewissen ist die Hölle selbst und ein gutes Gewissen ist das Paradies und das Himmelreich."

Gewissenserfahrung ist kein Sondergut der Christen. Gewissenserfahrung geht quer durch alle Kulturkreise, sie gehört zum Menschsein.

Siegfried Kettling, auf dessen Buch *Das Gewissen* ich mich im Wesentlichen stütze, lässt einen Indianer zu Wort kommen: „Tue ich Unrecht, so dreht sich ein kleines, dreieckiges Ding in mir, und das ist sehr schmerzhaft. Fahre ich dennoch fort, Böses zu tun, so dreht es sich so lange, bis die Kanten abgestumpft sind. Dann spüre ich es nicht mehr."

Das Gewissen in Aktion ruft uns, überfällt uns, redet per Du mit uns, geht mit uns bis ins Detail, erhebt höchste Ansprüche, erweist sich als unbestechlich, kennt keine Größenunterschiede, hebt die Zeit auf, zielt auf die Person, richtet und vernichtet uns schließlich.

Außerbiblische Deutungen sehen das Gewissen als „furchtbare Krankheit" (Nietzsche), verinnerlichte Normen der Gesellschaft (Freud), Stimme Gottes im Menschen (Seneca, Kant).

In Shakespeares Tragödie *Macbeth* ist das Gewissen „ein böses Tier, eine schlimme und höllische Bestie". Die selbstsichere, brutale Lady Macbeth, die ihren Gatten bedenkenlos zu Mordtaten anstiftet, durchschreitet, von der Macht des Gewissens gezeichnet, ihre Gemächer, getrieben von einem krankhaften Waschzwang, beständig ihre vermeintlich blutigen Hände reibend: „Fort, verdammter Fleck! Fort sag ich! Wie wollen diese

Hände niemals mehr weiß werden? Hier riecht es immer noch nach Blut. Alle Wohlgerüche Arabiens werden diese kleine Hand nicht reinigen. Oh! Oh! Oh!" Gewissensqualen können zum seelisch-körperlichen Ruin führen.

Ein alter Meister bekam den Auftrag, das Gewissen darzustellen. Er malte ein Rennpferd, das im Galopp über eine Ebene jagt. Aber hinter ihm fliegt ein Schwarm von Hornissen, der es hartnäckig verfolgt. Darunter schrieb der Maler die Worte: *„Frustra curris",* was in etwa ausdrücken soll: „Du magst laufen, so schnell du willst, dein Gewissen läuft noch schneller, es holt dich ein; wenn nicht jetzt, so spätestens in deiner letzten Stunde."

Neben dem schlechten Gewissen gibt es das variable Gewissen. Die Inhalte des Gewissens sind je nach Kultur und Religion unterschiedlich oder gar gegensätzlich. Saulus verfolgte die Christen mit großem Eifer und sittlicher Leidenschaft – guten Gewissens. Es gibt eine große Bandbreite verschiedenster Gewissensprägungen. Neben dem variablen Gewissen gibt es auch noch das manipulierbare Gewissen, das formbar ist wie Wachs. Es gibt Eltern, die ihre Kinder systematisch zum Stehlen „abrichten". Bei gutem Fang werden sie belohnt, wenn sie nichts heimbringen, werden sie bestraft. Das Gewissen ist bildbar und kann auch Missbildungen erleiden.

Der Mensch ist das mit Gewissen geadelte oder geschlagene Wesen. Deshalb kennt man auch gewissenlose Menschen. Der Philosoph Odo Marquard sagte: „Gewissen nicht mehr zu haben braucht, wenn man das Gewissen wird. Das Tribunal, dem man entkommt, indem man es wird. Die Verbösung des Guten." Wer denkt da nicht an Diktatoren wie Hitler, Stalin oder Mao?

Aber welches ist die Norm, das Urmeter, an dem das Gewissen Maß nimmt? Wo ist der Fixpunkt, an dem das Gewissen festmacht? Wie überwinden wir das „Vieldeutigkeitschaos" in unserem Inneren? Die Antwort lautet: Es ist die Begegnung mit dem Wort, das von außen an uns herankommt, das wir uns nicht selbst ausdenken können – die Begegnung mit dem Wort Gottes. Auf der einen Seite steht das autonome, nach allen Richtungen variable Gewissen, auf der anderen Seite das theonome, das an das Wort der Bibel gebundene Gewissen.

Das Wort „Gewissen" kommt im Alten Testament nicht vor. Die Frommen hörten nicht auf eine innere Stimme, sondern sie gehorchten den gepredigten Weisungen Gottes. Die Gewissenserfahrung wird mit „Herz" und „Nieren" bezeichnet. Das Herz ist das Zentrum des lebenden Menschen, der Ort des Wollens, der Erkenntnis, der Einsicht. Gott ist der Herzspezialist und Urologe, der „Herzen und Nieren" prüft.

Davids Herz schlug heftig, als er in der Höhle von Engedi den Zipfel von Sauls Mantel abschnitt. Durfte man das bei einem vom Herrn Gesalbten? Im

Neuen Testament gibt es ebenfalls Stellen, bei denen das Wort „Herz" mit Gewissen übersetzt werden kann, z. B.: „Als sie aber das (die Predigt des Petrus) hörten, ging's ihnen durchs Herz" (Apostelgeschichte 2,37).

Im Neuen Testament kommt das Wort „Gewissen" fast 30 Mal vor. Es ist das Gewissen, das die Heiden vor Gott schuldig erklärt (Römer 2,14–15). Es ist das Blut Christi, das unser Gewissen reinigt von den toten Werken (Hebräer 9,13–14). Für das praktische Handeln der Christen ist es wichtig, dass ihr Gewissen an den Willen Gottes gebunden ist (Epheser 6,6–7). Dem starken Glauben entspricht das „starke Gewissen", dem schwachen Glauben das „schwache Gewissen" (1. Korinther 8,7–13).

Das Gewissen und der gefallene Mensch, der gegen Gott rebelliert, gehören zusammen. Helmut Thielicke sagte einmal: „Das tiefste Kennzeichen des Falls ist der Zwiespalt des Menschen mit sich selbst (...) zwar ein Würdezeichen, das ihn von der Ungebrochenheit des Tieres unterscheidet, aber (...) ein Zeichen der Gottesebenbildlichkeit im negativen Modus, es ist der Adel eines gestürzten Königs."

Das Gewissen steht ständig unter dem Anspruch, sich selbst rechtfertigen zu müssen. Es will seine Autonomie bewahren. Das ist die Ursünde. Zutiefst will sich der Mensch nicht von Gott bestimmen lassen; er reklamiert die letzte Beurteilungsinstanz für sich. Er spricht sich selbst ein gutes Gewissen zu: Tue recht und scheue niemand. Es ist problemlos möglich, das Gewissen abzustumpfen und einzuschläfern. Vor der bösen Tat steht die Narkotisierung: Es ist doch nicht so schlimm; andere tun es auch; ich werde es irgendwie schon auswetzen. Nach der Tat kommen die höllischen Gewissensbisse. In 2. Samuel 12 wird uns die Geschichte vom Ehebruch des Königs David berichtet. Den Ehebruch kaschiert er mit einem Mord. Das Gewissen war von der Gewalt der Lust total narkotisiert. Er benahm sich wie ein orientalischer Gottkönig und machte sich selbst zur letzten Instanz. Aber Gott missfiel die Tat. Er schickte ihm den Propheten Nathan. Der überführte ihn seiner Tat. Wie vom Blitz getroffen brach David zusammen. Das Wort von Gott ist „wie ein Feuer (...) und wie ein Hammer, der Felsen zerschmeißt" (Jeremia 23,29), und es ist „schärfer als jedes zweischneidige Schwert" (Hebräer 4,12). Gottes Waffe, um das abgestumpfte Gewissen aufzuwecken, ist das lebendige Wort.

Was hören wir eigentlich, wenn uns Gottes Stimme im Inneren trifft? Es ist unser Todesurteil. Aber mit dem Tod ist nicht alles aus. Es gibt ein Leben über Tod und Grab hinaus. Auf mich selbst geworfen erkenne ich im Lichte des göttlichen Wortes mein bodenloses Elend. In J. S. Bachs Johannes-Passion findet sich eine ergreifende Arie.

Der Tenor singt: „Eilt, ihr angefochtnen Seelen, geht aus euren Marterhöhlen, eilt!"

Der Chor fragt klagend: „Wohin?"

Der Tenor antwortet: „Nach Golgatha! Nehmt des Glaubens Flügel, flieht!"

Und nochmals fragt der Chor: „Wohin?"

Und nochmals antwortet der Tenor: „Zum Kreuzeshügel, eure Wohlfahrt blüht allda!

Wohin? – Das ist die Frage. Tot ist nicht tot. Nach dem Tod ist vor dem Tod: der ewigen Verdammnis. Es sei denn, wir ergreifen hier und jetzt die rettende Hand des Gekreuzigten und Auferstandenen. Gott richtet unser Gewissen durch das tötende Gesetz, aber dieses ist immer vom rettenden und heilenden Evangelium umgriffen. Ich zitiere noch einmal Kettling: „Solange unser Herz Verteidiger ist, erweist sich Gott als Ankläger; sobald aber das Herz das Urteil gelten lässt und sich selbst verklagt, tritt Gott als Verteidiger auf und wendet den Prozess." Deshalb: „Lasst uns hinzutreten mit wahrhaftigem Herzen in vollkommenem Glauben, besprengt in unsern Herzen und los von dem bösen Gewissen und gewaschen am Leib mit reinem Wasser" (Hebräer 10,22).

11

Zart besaitet

Darin übe ich mich,
allezeit ein unverletztes Gewissen zu haben
vor Gott und den Menschen.
Apostelgeschichte 24,16

Es gibt eine größere Zahl von Menschen, die aufgrund ihrer Veranlagung eine erhöhte Wahrnehmung haben für das, was um sie herum vorgeht. Sie nehmen mehr verbale und nonverbale Signale auf und verarbeiten sie tiefer und gründlicher als der Durchschnitt. Auch die innere Wahrnehmung – Erinnerungen, Vorstellungen, Denken – ist davon betroffen.

Diese Hochsensibilität wird vermutlich vererbt und kann in jedem Lebensalter festgestellt werden. Man spricht bei diesen Personen gerne von „zartbesaiteten Menschen".

Hochsensibilität hat positive und negative Seiten und Auswirkungen auf Körper, Seele und Geist.

Hochsensible haben ein körperliches Frühwarnsystem, verfügen über ein feines Gewissen, sind dünnhäutig und schnell verletzt. In geistig-geistlicher Hinsicht haben sie eine lebhafte Vorstellungskraft, sie zeichnen sich durch Gewissenhaftigkeit aus, neigen dazu, sich viele Sorgen zu machen. Sie verspüren eine starke Sehnsucht nach Lebenssinn und Spiritualität.

So veranlagte Christen hinterfragen sehr oft ihre eigenen Glaubensüberzeugungen und zweifeln nicht selten an ihrer Errettung und Heilsgewissheit. Da hilft allein das rettende Gotteswort. Es ist nach Hebräer 9,14 allein das Blut Christi, das unser Gewissen reinigt. Durch den stellvertretenden Sühnetod Jesu findet das verunsicherte Gewissen Frieden, Heil und Rettung. Jesus starb für mich! Das ist die Zuspitzung, die Quintessenz des christlichen Glaubens.

Eine Anekdote erzählt, der Satan habe an Luthers Haustür gepocht. „Wohnt der Doktor Luther hier?" Der Reformator rief aus dem Fenster hinaus: „Nein, der ist schon lange tot!" – „Aber wer bewohnt jetzt dieses Haus?" – „Der Herr Jesus Christus!" Darauf sei der Teufel schleunigst verschwunden. Der Glaubenskampf besteht darin, uns selbst zu verlassen, aus uns heraus in Jesus Christus hinein. Luther: „Unsere Theologie ist gewiss, weil sie uns außer uns stellt." Wir werden aus unserem alten Ich umgesiedelt in Jesus Christus hinein. Nun stehen, wohnen und wandeln wir in Christus. Das gilt es durch die Anfechtung hindurch festzuhalten: Nicht mehr ich lebe, sondern Jesus Christus, der Gekreuzigte und Auferstandene (Galater 2,20). Er ist meine Gerechtigkeit, mein gutes Gewissen.

„Es ist nichts Zarteres im Himmel und auf Erden, denn das Gewissen. Man sagt, es sei ein zart Ding um das Auge, aber das Gewissen ist noch zarter", so Luther. Es gibt Christen, die immer wieder in Gewissensangst geraten – eben die Hochsensiblen. Ich kenne liebe Christen, die sich bei jedem Missgeschick, bei Krankheiten und Unfällen fragen: Warum musste das geschehen? Was habe ich getan, dass mir so was zustößt? Wo habe ich mich versündigt? Und natürlich finden sie immer etwas, das falsch gelaufen ist und wofür sie jetzt meinen, büßen zu müssen. Da ist einer, der es darauf abgesehen hat, verlorenes Gelände wieder zurückzuerobern. Siegfried Kettling schreibt: „Der Satan will uns die Stabilität, die Integrität, die Heilsgewissheit und damit die Freude des Glaubens zerstören. Oft versucht er, längst gebeichtete, längst vergebene Sünden vom Tode zu erwecken, oder quält uns mit Dingen, die nie und nimmer Sünde sind. Hier ist das angefochtene Gewissen, das verführte, das irrende Gewissen. Immer wieder muss ich mir einprägen: Das Gewissen ist nicht die letzte Instanz; es kommt auf den Herrn des Gewissens an. Ich kann mich nicht auf mein Gewissen verlassen, es ist keinesfalls das tragende Fundament meines Lebens. Sondern ich verlasse mich mitsamt meinem Gewissen auf den für mich gestorbenen und auferstandenen Herrn."

Das Gewissen hat die Tendenz, uns zu verfolgen wie der eigene Schatten. Eine afrikanische Geschichte erzählt, wie ein Mann seinen Schatten loswerden wollte. Aber was er auch anstellte, es gelang ihm nicht. Er wälzte sich auf dem Boden, sprang ins Wasser, versuchte, über den Schatten zu springen. Alles vergeblich. Ein weiser Mann, der davon hörte, meinte: „Es wäre doch ganz einfach gewesen, den Schatten loszuwerden!"

„Wieso einfach?", fragten die Umstehenden neugierig. „Was hätte er denn machen sollen?"

Der Mann gab zur Antwort: „Er hätte sich nur in den Schatten eines Baumes zu stellen brauchen."

Im Schatten des Kreuzes von Golgatha kommt das gequälte Gewissen zur Ruhe.

Luther, der oft Angefochtene, legte die Taktik Satans bloß: „Der Satan bläst die Sünde so gewaltig auf, dass sie so groß wird wie Himmel und Erde, dann macht er aus einer Sünde hundert Sünden und stürzt den Menschen in die Tiefe der Schwermut. Da verliert einer bald den roten Mund und die roten Backen, vergisst alles Tanzen und Springen, denn der Teufel ist ein Geist der Traurigkeit. Die zwei Teufel, die uns quälen, sind Sünde und Gewissen." Luther soll Erleichterung empfunden haben, wenn er bei solchen Anfechtungen das blanke Hinterteil – dem Satan zum Gruß – aus dem Bett streckte. Er empfahl, „gegen das Gewissen Gott anzurufen". So sagt die Bibel: „Wenn uns unser Herz [Gewissen] verdammt, (ist) Gott (...) größer als unser Herz und erkennt alle Dinge" (1. Johannes 3,20).

Dostojewski meinte: „Gewissen ohne Gott ist etwas Entsetzliches. Es kann sich bis zur größten Unsittlichkeit verirren." Deshalb ist und bleibt das Urmaß, wovon sich das Gewissen prägen lassen soll, das geoffenbarte Wort. Das Wort heilt – auch das geschwächte Gewissen. Wer sich auf sein Gewissen beruft, muss überzeugend darlegen können, dass sein Gewissen vom Wort Gottes her geschärft worden ist. Als Luther 1521 in Worms vor dem Kaiser stand, sagte er in lateinischer Sprache: „Ich bin durch die Schriftstellen, die ich anführte, überwunden, ich bin mit meinem Gewissen gefangen in Gottes Wort. Daher kann und will ich nichts widerrufen, weil wider das Gewissen etwas zu tun weder sicher noch heilsam ist." In deutscher Sprache fügte er noch vier Wörter hinzu: „Gott helfe mir, amen." Für uns heißt das: Nur die regelmäßige Vertiefung in Gottes Wort schärft und prägt unser Gewissen für die Wahrheit. Je mehr sich unser inneres Leben aus dem Wort Gottes nährt und stärkt, desto mehr werden wir die Wirklichkeit eines getrösteten Gewissens erleben.

Ein am Gerechtigkeitsbegriff der Bibel geschärftes Gewissen kann erstaunliche Auswirkungen haben. Von Helmut Hochrain stammt folgende Geschichte: Im Bus der Linie 12 war es eng. Ein Mädchen mit dunklen Haaren, schwarzen Augen und brauner Haut, vielleicht 12 Jahre jung, stand mitten im Gedränge der Menschen. In einer Kurve fielen die Menschen aufeinander und wurden durchgeschüttelt. Plötzlich schrie eine Frau, die neben dem Mädchen stand: „Sie hat mich gestoßen! Das freche Ding, das ausländische, hat mich gestoßen!"

Die anderen Passagiere schauten verstört hin und weg. „Unerhört, so was!", schrie die Frau. „Das muss man sich nicht von diesem Ausländergesindel gefallen lassen. Halten Sie an, Fahrer! Das Türkenbalg kann zu Fuß weitergehen. Ich verlange, dass Sie anhalten."

Niemand sagte etwas. Alle waren verlegen. Das Mädchen war vor Angst erstarrt. Der Bus bremste. Haltestelle. Der Fahrer drehte sich um und sagte: „Das Mädchen bleibt da. Es ist meine Tochter."

Die Frau schien wie versteinert. Sie schnappte nach Luft, bekam kein Wort heraus und sprang aus dem Bus.

Das Mädchen, am Ende der Fahrt angelangt, ging zum Fahrer und sagte nur: „Danke."

„Ist schon gut", erwiderte der Fahrer, „Ich habe eine Tochter in deinem Alter. Und die hat fast so schöne Augen wie du." (Aus: *Neukirchener Kalender*, 21.7.2005)

Das Mädchen erlebte das unerwartete Eingreifen eines Dritten – das ist Gnade!

Zum Wesen der Gnade gehört, dass wir sie nicht verdienen. Der Kirchenlehrer Origenes hat Gnade so definiert: „Gnade ist, was immer der, der nicht war und jetzt ist, empfängt und besitzt von dem, der immerdar war und ist und sein wird in Ewigkeit."

Philip Yancey erzählt von einer Konferenz über vergleichende Religionswissenschaft in Großbritannien. Fachleute debattierten dort, welches Glaubensprinzip denn das Christentum so einzigartig macht. War es die Menschwerdung von Jesus Christus? War es die Lehre von der Auferstehung? Die Debatte ging hin und her, bis C. S. Lewis den Raum betrat. Als er fragte, welches Thema gerade diskutiert werde, und man ihm antwortete, es ginge darum herauszufinden, was das Christentum von anderen Religionen unterscheide, meinte Lewis, ohne lange zu zögern: „Oh, das ist leicht zu beantworten. Es ist die Gnade."

Wir leben in einer Welt ohne Gnade. Im Laufe der Geschichte des Christentums ist auch die Kirche in den Ruf der Gnadenlosigkeit geraten. Ein kleines Mädchen betete einmal: „Lieber Gott, mach die schlechten Leute gut und die guten Leute nett." Kleinkariertheit und das auch unter Christen weitverbreitete Leistungsdenken belasten unberechtigterweise manch zart besaitetes Gewissen. Jemand hat gesagt: „Hätte die Welt durch gute Buchführung gerettet werden können, wäre sie durch Mose gerettet worden, nicht durch Jesus." Gnade bedeutet, das Unentschuldbare zu vergeben, weil Gott uns das Unentschuldbare vergeben hat.

In dem Film *Der letzte Kaiser* wird ein kleiner Junge zum Kaiser von China gekrönt. Er lebt ein Leben im Luxus. Viele Eunuchen stehen ihm als Diener zur Verfügung. „Was passiert, wenn du etwas falsch machst?", fragt ihn sein Bruder. „Dann wird ein anderer bestraft", antwortet der kleine Kaiser. Er demonstriert das, indem er ein Gefäß zerschlägt und ein Diener dafür bestraft wird. Jesus hat dieses Muster umgekehrt gelebt. Die Strafe für Unrecht, Schuld und Sünde hat er als König der Könige auf sich genommen.

Gnade ist kostenlos, weil der Gnadengeber die Kosten für unsere Verfehlungen bezahlt hat. Gnade ist ungerecht, deshalb ist sie so schwer zu begreifen. Gnade beginnt und endet mit Versöhnung. Deshalb gibt es Lieder wie *Wunder der Gnade* oder *Amazing Grace*. Die Gnade ist die einzige Kraft, die Gnadenlosigkeit zum Schmelzen bringt.

Gnade hat etwas Skandalöses an sich. Mose und David waren Mörder, doch Gott liebte sie. Paulus war ein Anführer der Christenverfolgung und wurde Missionar. Er war früher ein Lästerer, Verfolger und Frevler, „aber mir ist Barmherzigkeit wiederfahren", sagt er. „Es ist desto reicher geworden die Gnade unseres Herrn" (1. Timotheus 1,13.14). Im Hebräerbrief heißt es, dass Jesus für uns „eine ewige Erlösung erworben" hat (Hebräer 9,12) – sie gilt für alle Zeiten. Sie muss nicht wiederholt werden.

In einem Fernsehbericht über das Lied *Amazing Grace* zeigte die Kamera Jonny Cash in einem Hochsicherheitsgefängnis. „Was bedeutet dieses Lied für Sie?", fragte Cash die Gefangenen, nachdem er das Lied gesungen hatte. Ein Mann, der wegen versuchten Mordes inhaftiert war, antwortete: „Ich war Diakon, also ein Mann der Kirche, aber ich wusste nicht, was Gnade ist, bis ich an diesen Ort kam."

Umkehr ist das Tor zur Gnade. „Gott löscht bewusste Schuld; verdrängte Schuld bringt er ins Bewusstsein", so Walter Trobisch. So können auch Menschen, die zu Recht im Gefängnis sind, erfahren, was Gnade ist. Philip Yancey drückte es so aus: „Die Treppe zur Macht führt nach oben, die Treppe zur Gnade führt nach unten."

Gnade ist etwas Überraschendes, etwas, das erfreut, ein unverdienter Gunsterweis, ein unmittelbares Eingreifen von oben. Der Evangelist Johannes sagt: „Das Gesetz ist durch Mose gegeben; die Gnade und Wahrheit ist durch Jesus Christus geworden" (Johannes 1,17).

„Unter dem Gesetz sickert es nur spärlich von oben nach unten – aber wo Gnade ist, ist göttliche

Fülle" (aus Ralf Luthers neutestamentlichem Wörterbuch).

Wo Gnade ist, kann man aus dem Vollen schöpfen. Ein Mensch, dem Gnade widerfahren ist, wirkt ansteckend fröhlich auf seine Mitmenschen. Auf dem Friedhof des Dorfes, in dem ich aufgewachsen bin, steht ein Stein mit der Aufschrift: „Gnade allein brachte mich heim." Der Stein steht auf dem Grab meines Vaters. Es ist unfassbare Gnade, wenn uns Gott über Tod und Grab hinaus ans Ziel bringt.

12

Reisender ohne Gepäck

Ich gedenke der alten Zeit,
der vergangenen Jahre.
Psalm 77,6

Unser Leben ist wie ein Teppich. Es gibt dunkle Fäden und helle Fäden. Wenn wir versuchen, die dunklen Fäden auszureißen, zerstören wir den ganzen Teppich.

Es gilt deshalb, ein Ja zu finden ...

› zu unserer Vergangenheit,
› zu dem, was wir geworden sind,
› zu den Schicksalsschlägen, die wir erlebt haben,
› zum Heute, in dem wir leben,
› zu dem, was unaufhaltsam auf uns zukommt.

Wir müssen aufhören, uns dauernd aufzulehnen, zu kritisieren, alles mit der dunklen Brille zu sehen. Wir können uns von unserer Vergangenheit nicht gewaltsam lossagen oder so tun, als könnten wir unsere Identität gegen eine neue eintauschen, so wie es der französische Autor Jean Anouilh (1910–1987) im Drama *Reisender ohne Gepäck* beschreibt.

Da hat ein junger Soldat im Krieg einen Kopfschuss erlitten. Dadurch wurde er seines Gedächtnisses beraubt. Er weiß nicht mehr, wie er heißt, woher er kommt, und er kennt auch seine Familie nicht mehr. Der Fall wird durch die Medien bekannt gemacht, die unbekannten Angehörigen werden aufgefordert, sich zu melden.

Es gehen viele Meldungen ein. Der junge Mann wird auf die Reise geschickt, um sich vorzustellen. Zunächst gibt es nur Enttäuschungen. Aber plötzlich ruft eine Familie wie aus einem Munde: „Da ist er ja, unser Sohn, unser Bruder." Doch der Mann ohne Gedächtnis zeigt keine Reaktion und steht erschreckend unbeteiligt vor den Seinen.

Man versucht, seinem Gedächtnis mit Geschichten aus seiner Jugendzeit auf die Sprünge zu helfen. Vergeblich! Eine Hausangestellte spricht von einem Muttermal. Das gibt ihm schlussendlich Gewissheit, wer er ist.

Nun hat er plötzlich eine Vergangenheit. Dennoch stellt er sich dumm und stellt sich einer anderen Familie vor. Diese Familie weiß sofort, dass er nicht der Ihre ist, aber sie braucht einen männlichen Erben. So kommt man überein, dass er sich als ihr Sohn ausgibt – aus dem einzigen Grund, weil er glaubt, seine Vergangenheit hinter sich lassen und neu anfangen zu können. Als „Reisender ohne Gepäck" wollte er nun nur noch die Zukunft vor sich haben.

Natürlich können wir uns nicht so gewaltsam von der Vergangenheit lossagen. Vergangenheit haben heißt, geprägt sein von dem, was hinter uns liegt. Dazu gehören:

› die Lebensumstände bei der Geburt
› die soziale Stellung in der Familie
› Weichenstellungen, Fehlentscheidungen
› Enttäuschungen, Verluste
› Schuld: Altlasten und „Leichen im Keller"

Wir alle tragen das Gepäck der Vergangenheit mit uns. Auch der Mann im Drama von Anouilh wird bald wieder eine Vergangenheit haben, mit der er fertig werden muss. Verdrängen hilft nicht. Was im Langzeitgedächtnis gespeichert ist, erlischt nie.

Ich hörte von einem Jungen, der seinen Eltern viele Sorgen bereitete. Mit seinen Untaten richtete er großen Schaden an. Die Eltern waren verzweifelt. Jedes Mal, wenn der Sohn wieder etwas angestellt hatte, schlug der Vater einen Nagel in die Wand. Mit der Zeit wurden es immer mehr, bis die Wand schließlich voller Nägel war. Eines Tages kam der junge Mann reuevoll nach Hause. Zu den Eltern sagte er: „Es tut mir unendlich leid, was ich euch angetan habe. Ich will so nicht mehr weitermachen. Ich werde mich ändern. Könnt ihr mir vergeben?" Das war Musik in den Ohren der Eltern. Sie freuten sich, redeten lange miteinander und versöhnten sich mit dem Jungen. Als Zeichen der Versöhnung entfernte der Vater sämtliche Nägel aus der Wand. Eine sichtbare Befreiung für den Sohn. Aber die Löcher blieben. Vergeben ist nicht gleich Vergessen. Trotz erfahrener Versöhnung lässt sich die Vergangenheit nicht einfach so aus dem Gedächtnis tilgen.

Das Geheimnis der Erlösung aus dem Dunkel der Vergangenheit heißt Erinnerung. Nicht verdrängen, sondern bewusstes Erinnern und gegebenenfalls auch Aufschreiben, was hochkommt – das ist der Weg zu einer versöhnten Vergangenheit. Vielleicht braucht es ein seelsorgerliches Gespräch, damit endlich ans Licht kommt, was das Gewissen belastet. Die Bibel weiß von einem, der unsere Altlasten abnimmt, sie auf sich nimmt und an unserer Stelle trägt. Einzig und allein durch das Blut Jesu Christi, das am Kreuz vergossen wurde, werden wir erlöst vom Gepäck der Vergangenheit und bekommen wir den Frieden über das, was gewesen ist.

Viktor E. Frankl (1905–1997), der Neurologe, Psychiater und Begründer der Logotherapie, beschreibt in seinem Buch *... trotzdem Ja zum Leben sagen* seine Beobachtungen und Erlebnisse im Konzentrationslager. Im Vorwort schreibt Hans Weigel: „Viktor Frankl hat gelebt, was er lehrt. Er kam aus der Hölle zurück in seine Vaterstadt, er hatte seine Eltern, seinen Bruder, seine Frau, er hatte alles verloren – doch er war frei von allen Impulsen der Rache, der Vergeltung. Nur ganz wenige, die aus den Lagern, aus dem Exil zurückkamen, waren wie er. Er war alsbald wieder, was er gewesen war: ein Wiener Arzt."

Frankl teilte das Schicksal der Lagerhäftlinge. Erst in den letzten Wochen der Lagerhaft wurde er seiner Ausbildung gemäß als Arzt eingesetzt. Seine Beobachtungen über das Verhalten der Häftlinge setzen sich mit der Apathie des Lagerlebens, mit den Träumen der Häftlinge, mit Hunger, Sexualität und Lagerhumor auseinander. Aber auch die Sehnsucht nach Einsamkeit, das Wälzen von Fluchtplänen beschreibt Frankl eindrücklich. Ein Kapitel trägt den Titel „Glück ist, was einem erspart wird". Zum Thema „Innere Freiheit" führt er aus: „Und mögen es auch nur wenige gewesen sein – sie haben Beweiskraft dafür, dass man den Menschen im Konzentrationslager alles nehmen kann, nur nicht: die letzte menschliche Freiheit, sich zu den gegebenen Verhältnissen so oder so einzustellen. Und es gab ein ‚So oder so'!"

Frankl sinniert angesichts des Lagerlebens auch über den Sinn des Lebens: „Uns ging es um den Sinn des Lebens als jener Totalität, die auch noch den Tod mit einbegreift und so nicht nur den Sinn des ‚Lebens' gewährleistet, sondern auch den Sinn von Leiden und Sterben; um diesen Sinn haben wir gerungen."

Abschließend sagt Frankl: „Gekrönt wird aber all dieses Erleben des heimfindenden Menschen von dem köstlichen Gefühl, nach all dem Erlittenen nichts mehr auf der Welt fürchten zu müssen – außer seinen Gott."

Das Buch wurde in viele Sprachen übersetzt und ist noch heute für viele Gläubige und Nichtgläubige eine starke Hilfe beim Aufarbeiten ihrer schlimmen Vergangenheit und beim Abwerfen von belastendem Reisegepäck.

In einem Stück Einwickelpapier, das man in der Nähe einer Kinderleiche im Konzentrationslager Ravensbrück fand, wo 92 000 Frauen und Kinder starben, stand der folgende Text: „O Herr, gedenke nicht nur der Männer und Frauen guten Willens, sondern auch aller Menschen bösen Willens. Aber gedenke nicht nur der Schmerzen und Leiden, die sie uns zugefügt haben, sondern auch der Früchte, die wir dank dieser Leiden erkämpft haben, unsere Kameradschaft, Loyalität, Demut, Mut, Großmut, die Größe des Herzens, die daraus erwachsen ist. Und wenn sie vor dem Richtstuhl stehen, dann lass die Früchte, die uns gewachsen sind, ihre Vergebung sein. Amen, amen, amen."

Es gibt beeindruckende Zeugnisse von Menschen, die den Nazis ihre Verbrechen vergeben konnten. Zu ihnen gehört Corrie ten Boom (1892–

1983). Während der Besetzung der Niederlande durch Nazi-Deutschland half sie mit, zahlreiche Juden vor dem Holocaust zu retten. Aber dann flog alles auf. Ihre ganze Familie kam ins KZ Ravensbrück. Mit Ausnahme von Corrie starb dort die komplette Familie.

1947, nach einem Vortrag, kam ein Mann auf sie zu – einer der grausamsten Peiniger aus dem KZ.

„Mein Blut gefror", erzählte Corrie ten Boom später.

„Sie erwähnten Ravensbrück in ihrem Vortrag", sagte der Mann. „Ich war Wärter dort. Aber das ist vorbei. Ich bin Christ geworden. Ich weiß, dass Gott mir alle Grausamkeiten vergeben hat. Aber ich möchte es auch noch aus Ihrem Mund hören, Fräulein." Er streckte Corrie ten Boom die Hand entgegen. „Können Sie mir vergeben?"

Corrie ten Boom berichtete: „Hölzern, mechanisch gab ich ihm meine Hand. Als ich es tat, geschah etwas Unglaubliches. Die Bewegung entstand in meiner Schulter, sie strömte in meinen Arm und sprang in die umschlossene Hand. Und dann schien diese heilende Wärme mein ganzes Sein zu durchfluten. ‚Ich vergebe dir, Bruder', weinte ich. Einen langen Augenblick lang hielten wir uns die Hände, der frühere Wärter und die frühere Gefangene."

Es gibt allerdings auch Menschen, denen es nicht gelingt, mit ihrer Vergangenheit fertig zu werden. Ich las von einem katholischen Priester. Als seine

Mutter auf dem Sterbebett lag, gestand sie ihm, dass sie nicht seine wirkliche Mutter war. In der Zeit der Besetzung Polens durch die Nazis wurden ostpreußische Juden an ihrem Haus vorbeigetrieben. Eine junge Frau drückte ihr ein Baby in die Arme und bat sie flehentlich, es vor der Ermordung zu retten. Die Familie nahm den kleinen Jungen auf und erzog ihn katholisch.

Der Priester erlitt bei diesem Bekenntnis den Schock seines Lebens: Seine leiblichen Eltern waren Juden! Dieser Mann soll bei der Eröffnung über die Wahrheit seines Lebens zerbrochen sein.

Es ist eine unermessliche Gnade, wenn wir unser Leben ohne Altlasten, ohne Gepäck aus der Vergangenheit verbringen können.

In manchen Familiengeschichten gibt es Tabus, die bewusst oder unbewusst verdrängt werden und das Leben der einzelnen Familienmitglieder in ein undefinierbares Dunkel tauchen. In einem Interview mit der Zeitschrift *factum* führte der Historiker Moritz Pfeiffer Folgendes aus: „Eine Mehrheit der Deutschen geht davon aus, in der eigenen Familie sei der Nationalsozialismus abgelehnt worden und niemand habe sich etwas zuschulden kommen lassen. Es sei im Gegenteil eher passiver oder aktiver Widerstand geleistet worden. Dieses Bild ist aber durch die Erkenntnisse der wissenschaftlichen Geschichtsschreibung ad absurdum geführt." (Aus: „Teil unserer Familiengeschichte", in *factum* 5/2012)

Pfeiffer wollte das, was wie eine „Decke des Schweigens" über der eigenen Familiengeschichte lag, mit seinem einfühlsam geschriebenen Buch *Mein Großvater im Krieg* durch die eigene Familiengeschichte im Vergleich mit der Zeitgeschichte aufklären und falsche Annahmen offenlegen.

Auf die Frage, welchen Erkenntnisgewinn er daraus gezogen habe, sagte er: „Ich glaube, viele Zusammenhänge auf einer tieferen, emotionalen Ebene verstanden zu haben: die Prägung durch die Elternhäuser und die zeitgenössischen Lebensumstände, die legitimierend wirkenden Erfahrungen in NS-Jugendorganisationen, die unterschwellige Kraft von NS-Propagandainszenierungen. Aber auch das Wegsehen, die Mitverantwortung, die Teilhabe an Ausgrenzung und Gewalt, die Blindheit und die fehlende Sensibilität gegenüber dem von Deutschland verursachten Leid, die Verdrängung der Opferschicksale sind mir deutlich geworden. Ich habe auch etwas gelernt über den schmerzhaften psychologischen Prozess der inneren Auseinandersetzung mit der eigenen Schuld, mit Scham und Verantwortung nach dem Krieg. Das konnten wohl meine Großeltern bis an ihr Lebensende nicht ganz abschließen und kaum darüber reden" (*factum* 5/2012).

Zweifellos belastet die Verdrängung des Gedankens, dass es im Leben der Vorfahren dunkle Kapitel gibt, die Nachkommen. Aber wer sich ehrlich und offen der Familiengeschichte stellt und sich mit ihr auseinandersetzt, wird die Erfahrung machen, dass die Wahrheit befreiend wirkt, auch wenn sie zunächst unerträglich erscheint: nur sie befreit vom Gepäck der Vergangenheit. Erinnerung schafft Erlösung.

Keine Schuld ist so groß, dass sie nicht vergeben werden könnte. Das Wort Gottes sagt: „Wenn eure Sünde auch blutrot ist, soll sie doch schneeweiß werden, und wenn sie rot ist wie Scharlach, soll sie doch wie Wolle werden" (Jesaja 1,18). Spätes Schuldgeständnis und Reue löschen die Familiengeschichte nicht einfach aus. Die Erinnerung bleibt. Wer vergeben und sich mit Altlasten aussöhnen kann, spielt aber in einer anderen Liga, in der Liga der Befreiten. Nicht das Vergessen ist uns verheißen, sondern die Versöhnung.

In der Schweiz erschien kürzlich der bemerkenswerte Film *Verdingbub.* Er behandelt ein Thema, das in letzter Zeit stärker als zuvor ins öffentliche Bewusstsein geraten ist, und schildert das Schicksal von Verdingkindern. Viele von ihnen sind nie über ihre schlimmen Kindheitserlebnisse hinweggekommen. Sie wurden geprägt von harter Arbeit und Schlägen, Hunger und Diskriminierung, Ausbeutung und Missbrauch. Lehrer und Pfarrer waren oft auf der Seite der Täter. Wie ein unüberwindbarer Schatten verfolgen die Erlebnisse die Opfer bis ins hohe Alter. Nie kam ein Wort der Entschuldigung, nie eine Geste der Wiedergutmachung.

Aber auch hier gilt das Wort von der Versöhnung. Es ist nie zu spät, begangenes Unrecht zu bekennen, zu bereuen und, wenn möglich, mittels der Bitte um Vergebung gutzumachen. Es ist auch nie zu spät, erlittenes Unrecht, Groll und Bitterkeit, das schwere Gepäck der Vergangenheit, an den abzugeben, der gesagt hat: „Rächt euch nicht selbst (...) Die Rache ist mein; ich will vergelten, spricht der Herr" (Römer 12,19). Gott ist ein gerechter Gott, an den wir getrost alle bitteren Erfahrungen delegieren können.

13

Hauptsache gesund?!

Lass dir an meiner Gnade genügen;
denn meine Kraft ist in den Schwachen mächtig.
2. Korinther 12,9

Man sagt, die Zahl der Besucher von Fitness- und Wellness-Zentren übertreffe die Zahl der sonntäglichen Gottesdienstbesucher. Schuld und Schuldgefühle entstehen nur noch im Zusammenhang mit Gesundheit. Die ständige Sorge um die Gesundheit hat die Form einer Krankheit angenommen. Die Medizin ist so weit fortgeschritten, dass sich kaum noch jemand gesund fühlen darf. Wer behauptet, kerngesund zu sein, ist nur noch nicht gründlich genug untersucht worden. Es gibt Menschen, die ihr ganzes Leben der Gesundheit opfern. Sie leben nur noch vorbeugend. Man beruft sich gerne auf den Philosophen Arthur Schopenhauer (1789–1860): „Die Gesundheit ist nicht alles, aber ohne Gesundheit ist alles nichts." Doch ist dieser Satz auch wahr?

Die Gesundheit ist ein Gottesgeschenk. Deshalb soll dem Leib die nötige Pflege zukommen. Die Jünger Jesu hatten den Auftrag, die Herrschaft des Reiches Gottes zu verkündigen und die Kranken zu heilen. Für den Apostel Paulus ist der Leib ein Tempel des Heiligen Geistes. Die ersten christlichen Gemeinden überließen die Kranken nicht einfach dem Arzt und den Krankenkassen. Es gab in der Gemeinde Personen, denen die Gabe gegeben worden war, andere gesund zu machen. Der Apostel Jakobus empfahl, im Krankheitsfall die Ältesten der Gemeinde zu rufen, ihnen zu beichten sowie im Namen des Herrn über sich beten und sich mit Öl salben zu lassen. Eine Medizin für Leib, Seele und Geist. Natürlich schließen sich Krankengebet, Fitnesstraining und ärztliche Versorgung nicht gegenseitig aus. Das Problem ist die Übertreibung, das fehlende Maß, die vernachlässigte Mitte.

Der Existenzphilosoph Karl Jaspers (1883–1969) verstand seine schwere Krankheit (Bronchiektasien und sekundäre Herzinsuffizienz) als Grenzsituation des Seins. Er fasste sein Schicksal folgendermaßen zusammen: „Alle Entschlüsse meines Lebens waren mitbestimmt durch eine Grundtatsache meines Daseins. Von Kind an war ich chronisch krank." Schon als Kind hustete Jaspers ständig. Mit 15 Jahren hatte er den ersten eitrigen Auswurf. Nach dem 35. Lebensjahr kam es häufig zu blutigen Auswürfen. Die Herz- und Atembeschwerden erlaubten ihm lediglich, wenige Schritte und Treppenstufen zu bewältigen. Er litt unter unregelmäßigem Herzschlag, Schweißausbrüchen, Schwindelanfällen und Darmbeschwerden. Er dozierte daher nur im Sitzen. Im Hörsaal nahm seine Frau in der ersten Reihe Platz, um ihm im Notfall helfen zu können. Die Krankheit erzwang eine rigorose Kraftersparnis und einen stark regulierten Arbeitsrhythmus: 45 Minuten Arbeit (oft liegend) und 15 Minuten Pause. Von der Gesundheit, die er nie kannte, schrieb er, sie sei „etwas Herrliches".

Obschon die Lebenserwartung aus menschlicher Sicht kurz war, nahm Jaspers den Kampf mit seiner Krankheit ohne Feigheit und Selbstmitleid auf und verstarb im hohen Alter von 86 Jahren. Er schrieb: „Der Patient muss, um der Krankheit Herr zu werden, die Krankheit in sein Leben einbeziehen. Er muss sie als Tatbestand annehmen, um im Raum des Möglichen zu leisten, was er kann. Er soll sich nicht schämen, dass er krank ist." Als 47-Jähriger notierte er: „In der Grenzsituation ergreife ich mein Leiden als das mir gewordene Teil, klage, leide wahrhaftig, verstecke es nicht vor mir selber, lebe in der Spannung des Jasagenwollens und des nie endgültig Jasagenkönnens, kämpfe gegen das Leiden, es einzuschränken, es aufzuschieben, aber habe es als ein mir fremdes doch als zu mir gehörig, und gewinne weder die Ruhe der Harmonie im passiven Dulden noch verfalle ich der Wut im dunkeln

Nichtverstehen. Jeder hat zu tragen und zu erfüllen, was ihn trifft. Niemand kann es ihm abnehmen."

Die Krankheit erlaubte Jaspers kein normales Leben, aber er hatte gelernt, mit der Krankheit zu leben: „Die Krankheit durfte durch Sorge um sie nicht Lebensinhalt werden. Die Aufgabe war, sie fast ohne Bewusstsein richtig zu behandeln und zu arbeiten, als ob sie nicht da sei." Jaspers war überzeugt, dass er ohne seine Krankheit niemals Professor der Philosophie geworden wäre. (Die Ausführungen über Jaspers wurden einem Artikel von Arnold Berini der *NZZ* vom 24.9.2011 entnommen.)

Obwohl Jaspers kein bekennender Christ war, ist bemerkenswert, wie er den Kampf mit seiner Krankheit beschreibt und wie er sie mit Erfolg in sein Leben integriert hat. Er hat meinen vollen Respekt. Wir Christen sollten uns für die Bewältigung unseres eigenen Schicksals ein Stück davon abschneiden. Der eindrücklichen Person des Philosophen möchte ich nun die nicht weniger bewegende Geschichte einer bekennenden Christin gegenüberstellen.

Irmgard Grunwald (Jahrgang 1960) sitzt seit 2004 im Rollstuhl. Die unheilbare und tödliche Krankheit ALS (Amyotrophe Lateralsklerose) bewirkt rasch fortschreitende Lähmungen im ganzen Körper. Ihr Zeugnis stand in der Zeitschrift

:Perspektive 01/2010; es wird hier auszugsweise wiedergegeben.

„Ich schreibe, ohne die Tastatur meines PC zu berühren. Das geht mithilfe einer Sprachsteuerung, die den diktierten Text in geschriebenen Text umwandelt. Mein Schlafzimmer habe ich seit vier Jahren nicht mehr betreten. Ich kann mich nur noch in einem Rollstuhl fortbewegen. Schon seit langer Zeit habe ich nicht mehr unter der Dusche gestanden. Selbst zur Körperpflege bin ich auf einen Spezialrollstuhl angewiesen. Sogar meine Socken und meine eigenen Taschentücher fasse ich nicht an, und essen und trinken kann ich nur noch, wenn mir jemand die Nahrungsmittel und Getränke in den Mund gibt. Meine Hände können nichts mehr greifen.

Eigenartig? Ja, inzwischen habe ich tatsächlich eine ganz ‚eigene Art‘ entwickeln müssen, meinen Alltag zu bewältigen. Durch einen Defekt in den motorischen Nervenzellen kann die Muskulatur nicht mehr angesteuert werden, die Muskeln verschwinden. Dadurch entstehen Lähmungen am ganzen Körper: Arme und Beine, Füße und Hände werden völlig unbrauchbar; auch die Atemmuskulatur ist betroffen, und ich muss ca. 18 Stunden am Tag künstlich beatmet werden. Abhängig von anderen Menschen wie ein neugeborenes Baby bei allen körperlichen Bedürfnissen – Hilflosigkeit ist mein ständiger Begleiter geworden.

Und doch unterscheidet sich mein Alltag gar nicht so sehr vom ‚normalen Leben‘. Zwar bin ich körperlich rund um die Uhr auf Hilfe angewiesen, doch der Kopf funktioniert einwandfrei. Mit vielen technischen Hilfsmitteln gut ausgestattet, kann ich sogar noch am PC arbeiten und damit meinem Herrn und Gott dienen. (…) Ich bin fest davon überzeugt: Gott tut nichts Sinnloses, er hat eine Absicht und ein Ziel bei allem, was er tut. Gott ist die Liebe; er tut nichts, was mir letztlich schaden könnte. Die Frage sollte also nicht lauten: Was *mutet* Gott mir zu?, sondern eher: Was *traut* Gott mir zu? Ich kann die Krankheit als Herausforderung annehmen und versuchen, diese Aufgabe, die Gott mir stellt, so gut wie möglich zu lösen! Und ich erlebe Wunder.

Ich kann noch sprechen und schlucken – sehr ungewöhnlich bei meiner Diagnose.

Seit drei Jahren ist der Krankheitsverlauf quasi zum Stillstand gekommen – medizinisch nicht erklärbar. Für mich ist es das Eingreifen Gottes in mein Leben. ‚Wie kann es dir nur so gut gehen, wenn es dir so schlecht geht?!‘ Ich weiß es nicht, es ist ein Wunder Gottes. Wenn Gott so sichtbar und spürbar in mein Leben eingreifen kann, dann kann ich noch viel Wunderbares von ihm erwarten: sowohl auf dieser Erde als auch in der Ewigkeit! (…)

Gott lässt auch weiterhin – trotz Krankheit – in meinem Leben keinen Platz für Langeweile: So habe ich nun viele Möglichkeiten, ihm zu dienen, durch Gottes Maßarbeit exakt auf meine Lebenssituation zugeschnitten: Übersetzungsarbeiten und Zeitschriftenartikel, Lektoratsarbeiten für christliche Verlage, ab und zu werde ich sogar als Referentin zu Frauennachmittagen eingeladen. Außerdem arbeite ich gerade wieder an einem Buch. Und Tag für Tag bin ich aufs Neue begeistert von meinem Herrn und Gott, der mein Leben in seiner gnädigen Hand hält! Darum sage ich heute aus vollster Überzeugung: ‚Der HERR hat gegeben, und der HERR hat genommen, der Name des HERRN sei gepriesen!‘ (Hiob 1,21b; Elb).“ (Aus: Irmgard Grunwald, „Dennoch ...“, in :Perspektive 1/2010)

Gesundheit ist nicht ein Zustand völligen körperlichen, geistigen, seelischen und sozialen Wohlbefindens, also nicht ein Zustand der totalen Abwesenheit von Krankheit. Nach biblischem Verständnis ist gesund, wer in einer heilen und ausgesöhnten Beziehung zu Gott, seinem Schöpfer lebt. Sicher, Gesundheit ist ein kostbares, aber nicht das allerhöchste Gut. „Deine Güte ist besser als Leben“, steht in Psalm 63,4. Der dänische Denker Søren Kierkegaard (1813–1855), dessen Schwermut ein Stimulans zum Leben war, meinte: „Der Spaß, des Menschen Leben zu retten, ist nur ein Spaß; der Ernst ist, selig zu sterben.“ Deshalb wissen Christen um ein langes Leben: ihr Leben auf der Erde plus das ewige. Wenn sie früh sterben, leben sie länger ewig.

14

Versöhnte Endlichkeit

HERR lehre mich doch,
dass es ein Ende mit mir haben muss
und mein Leben ein Ziel hat und ich davonmuss.
Psalm 39,5

Eins, zwei, drei! Im Sauseschritt
läuft die Zeit, wir laufen mit.
Wilhelm Busch

Der Apostel Paulus schreibt den Korinthern: „Die Zeit ist kurz. Fortan sollen auch die, die Frauen haben, sein, als hätten sie keine; und die weinen, als weinten sie nicht; und die sich freuen, als freuten sie sich nicht; und die kaufen, als behielten sie es nicht; und die diese Welt gebrauchen, als brauchten sie sie nicht. Denn das Wesen dieser Welt vergeht" (1. Korinther 7,29–31). Keine Zeit – das ist die Antwort mancher Menschen, wenn man sie zur Mitarbeit an einem Projekt einlädt. Die Zeit ist ein knappes Gut geworden, deshalb muss damit wirtschaftlich umgegangen werden. Durch die Ökonomisierung der Zeit, lässt sich Zeit gewinnen, verlieren und sparen, aber auch stehlen oder schenken. Zeit ist ein weltweit gültiges Maß des täglichen Lebens. Zeit macht unabhängig von den natürlichen Rhythmen der Tages- und Jahreszeiten.

Weil die Zeit, die uns individuell zugemessen wird, knapp und kurz ist, gilt es, verantwortungsvoll damit umzugehen. Der Apostel Paulus fordert die Epheser auf: „Kauft die Zeit aus, denn es ist böse Zeit!" (Epheser 5,16). Was heißt das? Nichts anderes, als dass wir uns auf die Ewigkeit vorbereiten sollen. Doch statt uns auf das Ewige vorzubereiten, bemühen wir uns um eine immer intensivere Ausschöpfung der Lebenszeit. Wer kein Leben nach dem Tod erwartet, muss seine zeitlich befristete Lebensspanne mit allem füllen, was es zu erleben und zu genießen gibt. Er lebt nicht, er wird gelebt.

Von der Relativitätstheorie her wissen wir, dass bei Lichtgeschwindigkeit die Zeit aufhört zu sein. Aber nicht nur die Zeit wird einmal nicht mehr sein, sondern auch das Wesen dieser Welt wird vergehen: Raum und Zeit!

Alles, was wir mit unseren Sinnen erfassen und denken können, wird einmal einer neuen Welt Platz machen müssen. „Sie [Himmel und Erde] werden vergehen, du aber bleibst; sie werden alle veralten wie ein Gewand; wie ein Kleid wirst du sie wechseln, und sie werden verwandelt werden", heißt es in Psalm 102,27.

Der längst verstorbene Evangelist Heinrich Kemner (1903–1993) sagte: „Wer keine Zeit hat, hat keine Ewigkeit; nur wer die Ewigkeit gefunden hat, lebt erfüllte Zeit." Wer diese Ewigkeitsperspektive in sein Leben hineinleuchten lässt, lebt auf ein lohnendes Ziel hin. Die Dinge dieser Welt – Beziehungen, Freude und Trauer, Kauf und Lauf, Macht und Reichtum, Ruhm und Ehre – bekommen von daher ihren wahren Wert. „Haben, als hätten wir nicht!" – so lautet die Devise.

Eine Reisegruppe besuchte einmal ein Kartäuserkloster. Ein Mönch führte sie zu den spartanisch eingerichteten Zellen. Erstaunt fragte einer der Besucher: „Wo habt ihr denn eure Möbel?"

„Wo habt ihr denn eure?", fragte der Mönch prompt zurück.

„Wir sind nur auf der Durchreise", sagte der Besucher.

„Eben!", meinte der Mönch lakonisch.

Wer im Bewusstsein der Endlichkeit von Raum und Zeit lebt, bekommt ein versöhnliches Herz und eine große Sehnsucht nach der Ewigkeit.

Der begnadete Künstler Michelangelo sagte zu einer Gräfin: „Ich bin 86 Jahre alt und hoffe, bald von Gott heimgerufen zu werden."

Die Gräfin fragte: „Sind Sie lebensmüde?"

„Nein", antwortete Michelangelo, „ich bin lebenshungrig!"

Helmut Thielicke riet seinen Studenten: „Bei allen Entscheidungen denkt immer vom Jüngsten Gericht her." Die bewusste und aktive Auseinandersetzung mit dem, was hinter dem Horizont auf uns zukommt, hilft nicht nur bei Entscheidungen, sondern auch bei der Bewältigung von Not und Unrecht.

Das folgende Zeugnis habe ich dem *Neukirchener Kalender* vom 9. März 2012 entnommen:

Ein Christ hat durch einen anderen Christen alles verloren, was er sich als Rücklage für das Alter angespart hatte. Dadurch wurde er gezwungen, sich über seinen Ruhestand hinaus weiter als Geschäftsmann dem Stress des Berufslebens auszusetzen. Wie er mit dem schweren Schlag fertig geworden ist, erzählte er wie folgt: „Ich habe die ganze Sache, den Schaden, der mir zugefügt wurde, abgegeben an meinen Herrn. Und ich habe für mich den Trost angenommen, dass alles Unrecht vor Gott und seinem Licht verantwortet werden muss. Nur diese Erkenntnis hat mich weiterleben lassen." Die Alten hätten gesagt: „Ich habe es Jesus ‚anheimgestellt'." Erlittenes Unrecht nach oben delegieren ist der Königsweg der Versöhnung.

Eine ähnliche Geschichte fand ich im *Neukirchener Kalender* vom 19. Mai 2012. Der Schreiber des Zettels führt aus: „Ich kenne Frau K. aus meiner

Kindheit. Stets freundlich und zu einem Spaß bereit, so habe ich sie in Erinnerung. Nach vielen Jahren habe ich sie wiedergetroffen, habe von ihrem Schicksal erfahren, über das sie während der Jahre vor dem Mauerfall nicht reden konnte. Insgesamt 15½ Jahre verbrachte sie unschuldig hinter Gittern. Von 1947 bis 1962. Als junges Mädchen kam sie aus dem Westsektor über die grüne Grenze zu ihren Eltern in den Osten, um sich den Segen für ihre Hochzeit ‚abzuholen'. Kurz darauf wurde sie wegen angeblicher Spionage verhaftet und verurteilt. Die Sowjets wussten, dass sie mit einem britischen Offizier verlobt war. Sie hat ihn nie wieder gesehen. Ich staunte, dass sie nicht zerbrochen ist. Endlich konnte sie anderen von ihrem Schicksal erzählen. Ohne den Glauben an Gott, sagt sie, hätte sie das nicht geschafft."

Fjodor Dostojewski fasste sein Lebenszeugnis wie folgt zusammen: „Hab dein Schicksal lieb, denn es ist der Weg Gottes mit deiner Seele." Wem das gelingt, der ist versöhnt mit den Lebensumständen und der Zeit, in der er lebt. Er akzeptiert die Tatsache, älter geworden zu sein und mit Begrenzungen leben zu müssen. Er weiß: Das Beste kommt noch!

Der Text von Römer 12,11 wurde in einer älteren Luther-Übersetzung mit „Schickt euch in die Zeit!" übersetzt. In einer späteren Übersetzung heißt dieselbe Stelle: „Dient dem Herrn!" Beide Übersetzungen zu einer Ganzaussage verknüpft, lauten so:

„Schickt euch in die Zeit: Dient dem Herrn!" Ist das nicht ein schönes Lebensmotto?

In dem Buch *Seelsorge an der eigenen Seele* schreibt der erfahrene Seelsorger Erich Schick (1897–1966): „Lieber, als dass wir zulassen, dass die kleinen Enttäuschungen, Demütigungen, Missverständnisse uns bitter, misstrauisch, spöttisch und verschlossen machen, wollen wir unablässig nach dem Größten greifen, dessen gewiss, dass dieses Größte nicht dadurch kleiner wird, dass wir täglich davon leben, sondern im Gegenteil seine hehre Allgenugsamkeit nur um so gewaltiger offenbaren wird. (...) Da wird der Schmerz statt zur Resignation zum tiefen geheiligten Leiden, da wird die Anklage zur Buße, da wird die ach so begreifliche Neigung, sich zu verschließen zu der Bitte um ein heiliges Umfriedetsein, dass das Herz wirklich offen stehe wie ein Heiligtum, nicht wie ein Jahrmarkt, wie ein Bethaus, nicht wie eine Mördergrube, dass es offenstehe nicht in der Kraft einer noch so lieblichen menschlichen Sehnsucht, sondern in der Kraft des Gehorsams gegen Gott und des Vertrauens auf ihn."

Die folgende Geschichte habe ich der Zeitschrift *:Perspektive* 1/2011 entnommen. Sie will deutlich machen, was es heißt, mit der Endlichkeit unseres Daseins versöhnt zu sein:

„Einer Frau wurde eine unheilbare Krankheit diagnostiziert. Der Arzt sagte, sie hätte noch drei

Monate zu leben. Sie fing also an, alles in Ordnung zu bringen. Sie rief auch den Pfarrer zu sich, um ihre Wünsche für die Beerdigung abzusprechen. Sie sagte ihm, welche Lieder, welche Bibeltexte und welches Kleid sie dann wollte. Als der Pfarrer am Gehen war, erinnerte sich die Frau an ein wichtiges Detail. Sie teilte dem überraschten Pfarrer mit, sie wolle dann einen Löffel in der rechten Hand halten, wenn sie im Sarg aufgebahrt werde. Dem Pfarrer fehlten buchstäblich die Worte.

Die Frau erklärte: ‚Bei manchem Essen wurde ich oft von Gastgebern daran erinnert, meinen Löffel zu behalten, wenn das Geschirr abgeräumt wurde. Und ich freute mich dann immer, denn ich wusste, dass noch etwas Besseres kommen würde: Leckere Desserts, Kuchen oder Eis, irgendetwas Wunderbares, was das Mahl abrundete. Ich möchte daher, dass die Leute, die mich im Sarg sehen, sich wundern, warum ich den Löffel in der Hand halte. Und ich will, dass Sie ihnen sagen: ›Behalten Sie Ihren Löffel, das Beste kommt noch!‹‘

Der Pfarrer weinte beinahe, als er die Frau zum Abschied umarmte. Er merkte, dass diese Frau eine bessere Vorstellung vom Himmel hatte als er selbst. Sie wusste, dass noch etwas Besseres auf sie wartete. Auf der Beerdigung gingen die Menschen am Sarg vorbei und sahen die Bibel in der linken Hand der Verstorbenen und (...) den Löffel in der rechten Hand. In der Predigt erklärte der Pfarrer

dann die großartige Hoffnung der Verstorbenen."
(Aus: Mathias Fleps, „Durch den Horizont sehen",
in :Perspektive 01/2011)

Die Frau verstarb versöhnt mit der Endlichkeit
ihres Lebens. Nicht das Sichtbare prägte ihr Leben,
sondern das Unsichtbare.

15

Der Tod hat keine Hände

Tod, wo ist dein Sieg?
Tod, wo ist dein Stachel?
1. Korinther 15,55

Es gibt Ereignisse und Schicksalsschläge, die unser Leben schlagartig in zwei Hälften trennen: in eine Zeit vorher und eine Zeit nachher. Der messerscharfe Eingriff macht uns bewusst, wie schön die Zeit vorher war, aber auch wie gedankenlos und selbstverständlich wir sie in Anspruch genommen haben. Jetzt, wo die Krise unser Lebensgefühl total im Griff hat, verliert das Dasein seine Farbe, und wir sehen nur noch schwarz. Wir fühlen uns schlaff, krank, leer und hoffnungslos. Das Leben wird nie mehr so sein wie vorher. Der Schmerz kommt in Wehen und spült uns den Boden unter den Füßen weg. Das Schlimmste ist die Trauer der Seele. Und dann noch die Frage: Warum lässt Gott das zu?

„Was soll man Menschen sagen, die ihr Kind durch einen Unfall oder eine Krankheit verloren haben? Eigentlich können nur Betroffene glaubwürdig etwas dazu sagen. Etwa wie jener Afrikaner, dessen 17-jährige Tochter gestorben war. Auf ihr Grab setzte er ein Kreuz aus Holz und schrieb darauf die merkwürdigen Worte: ‚Der Tod hat keine Hände.‘ Als er gefragt wurde, was das bedeuten solle, sagte er: ‚Ich weiß, dass mir der Tod mein Kind nicht auf ewig festhalten kann, sondern dass ich es bei Jesus wiedersehen werde, denn der Tod hat ja keine Hände!‘

Ja, der Tod hat keine Hände. Aber der lebendige Gott umfängt uns mit seinen Händen. So betete der Dichter Ludwig Uhland am Totenbett seines Kindes: ‚Du kamst und gingst mit leiser Spur; ein flücht'ger Wand'rer auf Erdenland! Woher? Wohin? Wir wissen nur: aus Gottes Hand in Gottes Hand.‘“ (Aus: *Neukirchener Kalender,* 25.6.2012)

Oder hier die Geschichte eines schweren Auffahrunfalls auf der Autobahn zwischen Bern und Zürich: Christine und Ruedi Regez fuhren am 29. Dezember 1998 mit den vier Töchtern Corinne, Marion, Daniela und Stefanie aus ihrem Weihnachtsurlaub zurück nach Österreich. Sie schlossen in der Nähe von Kirchberg auf eine Kolonne auf. Die Mutter saß am Steuer, der Vater las die Zeitung. Plötzlich gab es einen fürchterlichen Knall. Die Frontscheibe flog in tausend Stücke. Der Toyota wurde in das nächste Auto hineingestoßen, überschlug sich, geriet auf die Überholspur, touchierte ein von hinten nahendes Auto und kam schließlich auf der Seite liegend zum Stillstand.

Totenstille.

Dann Sekunden der totalen Lähmung, bis eines der Kinder zu schreien begann. Wie sich zeigte, waren die Eltern und Marion unverletzt. Corinne und Daniela waren schwer verletzt. Daniela erwachte im Spital erst Tage später aus dem Koma. Aber wo war Stefanie, die Jüngste?

Die Mutter berichtet: „Ich fand sie leblos hinter dem Auto auf der Straße liegen. Als ich neben ihr niederkniete, merkte ich, dass sie noch lebte. Ich begann mit der Mund-zu-Mund-Beatmung, als plötzlich ein Mann an meine Seite trat und mich ablöste. Verzweifelt schrie er: ‚Bitte stirb nicht, bitte stirb nicht!' Da begriff ich: Er war der Schuldige am Unfall. Die Zeit verging nur langsam, bis endlich die Rettungskräfte eintrafen. Eine Sauerstoffmaske wurde Stefanie aufgesetzt und eine Flasche angehängt. Aber es dauerte keine fünf Minuten und Stefanie war tot. Ich merkte: Es war nur noch ihre leblose Hülle. Ihr Geist war weg, bei Gott, bei dem Gott, den sie zu Lebzeiten von Herzen geliebt hat. All diese Gedanken ließen mich ruhig bleiben.

Als der Fahrer des Lasters erfuhr, dass Stefanie gestorben war, lehnte er sich an die Stoßstange seines Fahrzeuges und weinte bitterlich. Ich sah ihn, ging zu ihm hin und umarmte ihn. Es fiel mir in diesem Moment gar nicht schwer. Gott schenkte mir eine große Liebe für ihn und ich konnte ihn sogar trösten. Ein paar Jahre später erfuhr ich von einem Freund, dass ein Polizist diese Szene beobachtet hatte. Das hätte er noch nie gesehen, soll er gesagt haben, dass eine Mutter, die eben ihr Kind durch einen Unfall verloren hatte, den Schuldigen umarmt und ihm vergeben hat."

Die erstaunliche Reaktion von Christine Regez war eine Schockreaktion – dachte ich. Deshalb fragte ich sie, wie sie eigentlich getrauert habe, ob sie im Nachhinein keine bitteren Gefühle dem Unfallverursacher gegenüber gehabt habe und wie ihr Mann Ruedi und die Töchter mit dem Ganzen fertig geworden seien.

Ihre Antwort kam postwendend per Mail: „Es war mir eine große Hilfe, dass ich Stefanie nach ihrem Tod in der Aufbahrungshalle noch sehen konnte, obschon es nur noch die Hülle ohne Leben drin war. Es kam mir in den Sinn, dass sie als Dreieinhalbjährige einmal zu mir gesagt hatte: ‚Mama, ich habe kein Herz mehr!' Auf meine Frage: ‚Wieso hast du kein Herz mehr?', antwortete sie voller Freude: ‚Weil ich es Jesus geschenkt habe.'

Ich wusste daher schon an der Unfallstelle, dass sie nun bei Gott ist. In der Zeit danach, wenn ich sehr traurig war, schaute ich Fotos von Stefanie an, um mich an die Zeiten zu erinnern, die wir gemeinsam verbracht haben. Das hat mir sehr geholfen. Nein, ich hatte nie bittere Gefühle dem Unfallverursacher gegenüber. Mir war es eine gewaltige Hilfe zu wissen, dass Gott nie einen Fehler macht, auch diesmal nicht, dass jedes kleinste Detail von ihm so gewollt war. Das half mir, ihm zu vertrauen.

Es hat uns sehr gefreut, dass der Fahrer zur Beerdigung von Stefanie nach Österreich gekommen ist. Später kam er uns nochmals besuchen. Er wollte Daniela, die nach dem Unfall schwer verletzt war, sehen und spüren, ob sie ihm gegenüber Groll empfinde. Wie erleichtert war er, als Daniela ihm liebevoll begegnete. Er konnte es kaum glauben. Das war ein sehr schönes Zeugnis unserer Tochter.

Auch die anderen Töchter (die ältesten, Priscille und Rebekka, waren am Unfall nicht beteiligt; sie waren zu dieser Zeit bei einem Missionskongress in Holland) saßen mit dem Unfallverursacher um den Tisch herum und unterhielten sich mit ihm. Es war ein ganz normaler Besuch, den wir allerdings im Gespräch und im Gebet gut vorbereitet hatten. Auch mein Mann Ruedi, der an der Unfallstelle Mühe hatte, hat heute keinen Groll mehr in seinem Herzen. Wer kann so etwas fertigbringen außer unserem allmächtigen Gott? Wir hätten dies von uns aus unmöglich gekonnt. Der Herr war vom ersten Augenblick an wie eine starke Burg um uns, hinter uns und vor uns. Das ist schwer zu beschreiben. Nur erlebbar."

So weit der Bericht von Christine Regez. Er macht Mut, Gott auch dann zu vertrauen, wenn Ereignisse über unser Leben hereinbrechen, die mit vielen Fragen behaftet sind. In solchen Fällen kann uns kein Mensch die Frage nach dem Warum gültig beantworten. Auch wohlmeinende Christen nicht. Der leidgeprüfte Hiob wurde von leidigen Tröstern heimgesucht. Das war zwar gut gemeint, aber nicht gut. Den Apostel Paulus quälte ein schmerzhaftes Leiden. Er bat den Herrn inständig, ihn davon zu befreien. Doch Jesus antwortete ihm: „Lass dir an meiner Gnade genügen; denn meine Kraft ist in den Schwachen mächtig" (2. Korinther 12,9).

Das Fragen führt nur dann zum inneren Frieden, wenn wir die Nähe Gottes suchen. Bei ihm werden die Fragen nicht einfach gelöst, sondern aufgelöst – so wie die Nebel sich lichten, wenn die Sonne aufstrahlt. Beim Kreuz erkennen wir, dass Gottes Liebe auch in das Dunkel von Leid und bohrenden Fragen hineinleuchtet. Gott leidet nicht nur *für* uns, sondern auch *mit* uns. In der Person von Jesus Christus ist Gott selbst Mensch geworden. Am Kreuz nahm er die Mühsal der Leidenden auf sich. Mit dem Notschrei „Mein Gott, mein Gott, warum hast du mich verlassen?" (Matthäus 27,46) ist er bei denen, die sich von Gott und Menschen im Stich gelassen fühlen. „An seinem Mitleiden mit den Menschen ist Gott gestorben", lautet ein bekannter Ausspruch des Philosophen Friedrich Nietzsche (1844–1900).

Wie recht er doch hat! Aber hinzuzufügen ist: Er ist nicht im Grab geblieben. Kreuz und Grablegung sind nicht das Letzte. Jesus Christus ist auferstanden! Es gibt eine feste Hoffnung über Tod und Grab hinaus. Der Schrittmacher und Vollender unserer Hoffnung ist der Gekreuzigte und Auferstandene.

16

Versöhnung am Sterbebett

Selig sind die Toten,
die in dem Herrn sterben.
Offenbarung 14,13

Viele Menschen meiden Krankenzimmer und halten sich ängstlich von Sterbenden fern. Die Vertrautheit mit Sterben und Tod ist unserer Kultur abhandengekommen.

Der französische Schriftsteller Marcel Proust (1871–1922) beschrieb in seinem gesellschaftskritischen Buch *Auf der Suche nach der verlorenen Zeit* den Tod der Großmutter mit folgenden Worten: „Das Leben ging und nahm die Enttäuschungen des Daseins gleichfalls mit sich fort. Ein Lächeln schien auf den Lippen der Großmutter zu liegen. Auf dieses letzte Lager hatte der Tod sie wie ein Bildhauer des Mittelalters mit den Zügen eines jungen Mädchens hingestreckt, das sie einst gewesen war."

Sterben ist die absolute Konstante des Mensch-seins, die Reifeprüfung, die jeder Mensch für sich selbst bestehen muss. Die Innenseite des Sterbens bleibt Außenstehenden verborgen. Der eigene Tod ist der Ernstfall. Deshalb betet der Psalmist: „HERR, lehre mich doch, dass es ein Ende mit mir haben muss und mein Leben ein Ziel hat und ich davon-muss" (Psalm 39,5).

Versöhntes Sterben kann leichter geschehen, wenn Sterbende von Menschen begleitet werden, die einfach da sind, die mit leeren Händen kom-men, ohne Vorurteile und Deutungen, ohne Rat-schläge, Methoden und Instrumente. Die Musik- und Psychotherapeutin Monika Renz beschreibt in ihrem Buch *Zeugnisse Sterbender – Todesnähe als Wandlung und letzte Reifung* 80 Sterbefälle, die sie begleitet und untersucht hat. Die Ergebnisse sind aufschlussreich:

› Die Einwilligung in den baldigen Tod konnte bei 55 von 80 beobachteten Sterbenden festgestellt werden.
› Todesangst war bei 51 von 80 Sterbenden ein Thema. Häufige Inhalte: Angst vor Schmerzen und Verwirrung, Angst vor der Ungewissheit des Danach, Angst vor Abschied, Zurücklassen Angehöriger und Alleingang im Tod. In einigen Fällen spricht Renz von einem geistlichen Kampf und ständiger, unbestimmbarer Unruhe.

> Der Lebensrückblick war bei 37 von 80 Sterbenden ein Thema. Häufige Inhalte: Schuld, Loslassen, traumatische Erlebnisse in der Jugend (Gewalt, Mangel, Unfall).

> Angehörige waren ein wichtiges Thema bei 25 von 80 Sterbenden. Inhalte: Versöhnung, Sorge um ein geliebtes Kind, das Warten, bis abgelehnte Kinder am Totenbett erscheinen, loslassen und losgelassen werden.

> Auf eine Hoffnung oder spirituelle Öffnung konnte bei 43 von 80 Sterbenden geschlossen werden. Häufige Inhalte und Ausdrucksweisen: Licht, fliegen/schweben, leicht werden, Formulierungen wie „schön" oder „heilig", „Gott oder Jesus holt mich ab", strahlen, Ruhe, friedlicher Gesichtsausdruck.

> Die Begleitung im Sterbeprozess war bei 71 von 80 Personen wichtig bis sehr wichtig. Reaktionsweisen, aus denen dies abgeleitet wurde: Entspannung und seelische Erleichterung, das Sterben nach der Auflösung einer Not, das Finden eines Ja zum Sterben.

> Musik war bei 55 von 80 Sterbenden zentral.

> Die Ansprechbarkeit im bewusstseinsfernen Zustand wurde bei 33 von 80 Sterbenden festgestellt. Weitere Feststellungen: Reaktionen auf ausgesprochen wesentliche Worte oder Musik.

Zu diesen Ergebnissen zwei Bemerkungen:

› In vielen Fällen war keine Aussage möglich, weil das Sterben zu weit fortgeschritten war oder das Thema gar nicht angesprochen wurde.
› Die Frage nach der Religion wurde nur dort angesprochen, wo sie sich aufdrängte, z. B. im Anschluss an eine spirituelle Erfahrung. Die meisten Sterbenden scheinen einen christlichen Hintergrund gehabt zu haben.

Interessant sind die Schlussfolgerungen und persönlichen Gedanken von Monika Renz. So hält sie u. a. fest: „Sehr eindrücklich für mich waren Begegnungen mit Sterbenden, welche dem Tod ohne jegliche Angst, aber auch ohne Angstverdrängung, entgegensahen (zehn ältere, zwei jüngere)."

Anderseits machte sie aber auch Erfahrungen mit dem Thema des geistigen und geistlichen Endkampfes. Sie schreibt: „Mir wird nach diesen Erfahrungen niemand mehr weismachen können, dass es die geistige Dimension letzter Machtkämpfe oder Erfahrungen von apokalyptischer Auswegslosigkeit und Läuterung als Realität Sterbender gar nicht gebe."

Auch Fragen frühester Prägung und erlittener oder angetaner Schuld sind Monika Renz aufgefallen. „Dass alte Traumata, die teils in der frühesten Kindheit angesiedelt werden müssen, in Todesnähe nochmals zutage treten, wurde für mich in einer erschütternden Zahl (15) offensichtlich."

Und schließlich noch eine Erkenntnis zum Thema „unbereinigte Beziehungen": „Aufhorchen ließ mich vor allem die Not zahlreicher Sterbender angesichts von belastenden oder unbereinigten Beziehungen. Diese hindern am Loslassenkönnen. Man stelle sich vor: 25 von 80 Menschen verschiedenen Alters litten bis in ihre letzten Tage an einer Sorge um ein Kind, ein Enkelkind oder an einem Familientabu! Bei nicht wenigen muss rückgeschlossen werden, dass sie deswegen nicht sterben konnten. Auch sie waren angewiesen auf professionelle Hilfe und Prozesse ihrer Nächsten. Nur selten wurde Schuld als solche thematisiert, nur wenige Menschen sind echt schuldfähig. Umso häufiger lauert das Ungute und Unerlöste namenlos in der Luft."

Das Buch von Monika Renz enthält Ratschläge an Angehörige von Sterbenden. Ich gebe sie auszugsweise wieder, z. T. ergänzt mit eigenen Bemerkungen:

› *Sterbende hören.* „Die Seele hängt am Ohr", sagte ein französischer Mediziner. „Das Gehör stirbt zuletzt", weiß eine alte Volksweisheit. Deshalb Vorsicht, worüber man spricht. Auch Komapatienten hören, was man über sie spricht. Aber auch keine Angst, Sterbende anzusprechen, auch wenn keine Antwort zurückkommt.

- *Nur Wesentliches sprechen* – das, was den Sterbenden noch beschäftigen oder umtreiben könnte. Deutlich sprechen, aber nicht unsensibel laut. Den Sterbenden dabei anschauen. In Gedanken präsent sein.

- *Wann reden, wann schweigen?* Sterbende haben ein verzögertes Zeitempfinden. Die mit ihnen geteilte Stille hat fast etwas Heiliges an sich. Beim Sprechen zwischen einzelnen Aussagen pausieren. Wesentliches (Zuspruch aus der Bibel oder Liedverse) allenfalls wiederholen.

- *Berührungen* zuvor ankündigen, allmählich intensiver werden lassen. Nicht abrupt abbrechen.

- *Sterbende sind sehr stimmungssensibel.* Sie nehmen wahr, was in der Luft liegt oder unecht ist. Mehrmals am Tag besuchen, Zeiträume des Alleinseins beachten. Sterbezeitpunkte sind nicht zufällig. Einige warten, bis die Liebsten da sind; andere warten, bis sie draußen sind.

- *Der Umgang mit Musik* muss subtil erspürt werden, was genau, wie leise und wie lange der Sterbende hören mag. Nicht jede Musik, die man früher gerne hörte, ist auf dem Sterbebett noch bekömmlich (z. B. Marschmusik). Es nützt nichts, wenn man die Musik, die man auf dem Sterbebett hören möchte, vorbestimmt. Musik kann bei Schmerzen zu viel werden. Einzelne Töne und Klänge sind in der Wahrnehmung Sterbender bekömmlicher als ganze Symphonien.

› *Es gibt auch ein „Zu spät".* Zu spät für Versöhnung, zu spät, um noch von einer Botschaft des Sterbenden erreicht zu werden. Es empfiehlt sich dringend, Unbereinigtes noch vor dem Eintritt des Sterbevorgangs anzusprechen – nötigenfalls in konfrontativer, aber liebevoller Form.

› *Umgang mit mir selbst.* Dem Sterbenden sein Schicksal zumuten – das ehrt ihn mehr als stark geäußerte Gefühle von Erbarmen, Wut, Trauer, Einsamkeit oder Verzweiflung. Sterbende sind manchmal von einer Unruhe umgetrieben, die man ihnen einfach nicht abnehmen kann. Es gibt Tage, die von beiden Seiten ausgestanden werden müssen. Sterben ist dann oft Erlösung.

Das Buch von Monika Renz ist eine wertvolle Hilfe, um zu verstehen, was Sterbende bewegt – ob gläubig oder ungläubig. Auch die praktischen Ratschläge sind hilfreich. Auf zwei spezifische Fragen, die bekennende Christen oft bewegen, soll das nächste Kapitel Hinweise geben.

17

Wahrheit am Sterbebett

Jesus Christus spricht:
Wer an mich glaubt, der wird leben,
auch wenn er stirbt.

Johannes 11,25

Sterben Gläubige leichter als Ungläubige? Eine Frage, die nicht eindeutig mit Ja oder Nein beantwortet werden kann. Der Ungläubige hofft, dass mit dem Tod alles aus ist; er hat keine Perspektive über Tod und Grab hinaus. Er kennt angeblich keine Angst vor den Folgen eines gottlosen Lebens. Aber wahrscheinlich weiß letztendlich jedermann, dass da irgendetwas nicht aufgehen kann. Das Sterben jedes Menschen ist etwas Einmaliges, Persönliches so wie der Fingerabdruck.

Jeder Mensch stirbt anders – ob gläubig oder ungläubig. Die individuelle Geschichte, wie wir gelebt, geglaubt, gehofft und was wir gefürchtet haben oder immer noch fürchten, das prägt den Abschied aus dem Diesseits. So kann es durchaus sein, dass selbst Gläubige einen schweren Tod haben. Es gibt sie eben nicht, „die Leichtigkeit des Sterbens". Entscheidend ist die Beantwortung der Frage: „Woraus schöpfe ich angesichts des Todes die Kraft?" Jemand hat geantwortet: „Du musst bis zum Schluss glauben." Wer nicht glaubt, erfährt auch die Nähe Gottes nicht.

Es gibt viele Zeugnisse von Christen, die die Nähe Gottes in ihrem Leben und Sterben in wunderbarer Weise erlebt haben. So etwa die im Alter von 28 Jahren verstorbene Pfarrerstochter Lydia Holmer, die sich trotz furchtbarer Schmerzen und vieler Rückschläge vom Glauben an ihren Erlöser nicht abbringen ließ. „Mein Leben soll Jesus Christus gehören. Er weiß, was das Beste für mich ist. Wenn ich sterbe, werde ich eine viel schönere Welt erleben", sagte sie vor ihrem Tod. (Aus: *ideaSpektrum* 7/2012)

Das ist Glauben bis zum Schluss. In der Hoffnung auf etwas Besseres gehen zu müssen, ist etwas enorm Beruhigendes. Gläubige sterben nicht leichter, aber anders als Ungläubige.

Der Tod ist der letzte Feind, der vernichtet werden wird. Deshalb jubelt Paulus in 1. Korinther 15,54–55: „Der Tod ist verschlungen vom Sieg. Tod, wo ist dein Sieg, Tod, wo ist dein Stachel?"

Christen glauben an ein herrliches Ziel, und dieses Ziel verleiht auch dem Sterben einen Sinn.

Wie steht es mit der Wahrheit am Sterbebett? Wie gehen wir damit um, wenn der Sterbende wissen will, wie es um ihn steht? Und falls es aus medizinischer Sicht keine Hoffnung mehr gibt, will der Patient es wirklich wissen? Der Psychoanalytiker Sigmund Freud soll einem Arzt, der ihn über ein Kehlkopfkarzinom aufgeklärt hatte, gefragt haben: „Mit welchem Recht sagen sie mir diese Wahrheit?"

Gefordert sind in erster Linie Ärzte, Seelsorger und Pflegende. Der Evangelist Samuel Keller (1856–1924) erzählt in seinen Erinnerungen zum Thema „Notlüge oder Wahrheit am Sterbebett" das folgende Erlebnis:

„Als ich einen schwer kranken Mann besuchte, der das Abendmahl von mir erbeten hatte, traf ich den Arzt am Krankenbett und fragte ihn auf Lateinisch, wie es um den Mann stehe. Ebenfalls auf Lateinisch antwortete der Arzt, dass der Mann wohl die Nacht nicht überleben werde. Dann tröstete er den Mann mit einer guten Medizin und machte ihm Hoffnung auf Besserung. Als der Arzt gegangen war, sah mich der Mann mit klaren Augen an und sagte: ‚Herr Pastor, Sie werden mich nicht belügen. Was sagte der Arzt, wie es um mich steht?' Als ich es ihm schonend erklärt hatte, bat der Mann seine Frau, die beiden Jungen aus der Fabrik zu holen, damit er vor dem Abendmahl noch einmal mit ihnen reden könne. Ich unterhielt mich mit dem Mann. Und bald darauf kamen die Mutter und die Söhne in das Krankenzimmer.

Jetzt hat der Sterbende einen Abschied mit seinen Jungen gemacht, der eines Königs würdig gewesen wäre. Was er ihnen über die wichtigen Dinge des Lebens ans Herz legte, wie er über ihre Aufgabe an der Mutter und den kleineren Geschwistern mit ihnen sprach, war ergreifend, und tief bewegt knüpfte ich daran an, und wir feierten alle zusammen das Abendmahl. Ein tiefer Friede zog in die Herzen und das Haus ein, und versöhnt konnte der Mann noch in der Nacht heimgehen.“

Es gibt Gründe, die gegen das offene Ansprechen der Wahrheit aufgeführt werden können, z. B. bei Krankheiten oder Demenz, bei denen die offene Kommunikation ausgeschlossen ist, oder bei Unsicherheit über den Verlauf einer Krankheit. Aber es gibt auch Gründe für ein offenes Aussprechen der Wahrheit, wenn der Sterbende die ganze Wahrheit wissen will, wenn Unversöhntes und Unbereinigtes bekannt ist oder erwähnt wird. Als Faustregel gilt: nichts beschönigen – nichts verschweigen. Ein tiefes Vertrauensverhältnis zwischen dem Sterbenden und den ihn Umgebenden erleichtert die Entscheidung für oder gegen eine offene Kommunikation. Der Mund, der die Wahrheit spricht, und die Hand, die hält: Beides zusammen macht die Wahrheit aus. Das ist die wahre Liebe, nicht die angeblich schonende Täuschung.

Sterben und Tod erfahren in der Gegenwart vermehrt Aufmerksamkeit. Zu verdanken haben wir das den umstrittenen Sterbehilfeorganisationen. Sie leisten, zumindest in der Schweiz und in Holland, nicht nur Schwerkranken, sondern auch nur lebensmüden Menschen Beihilfe zum Suizid. Menschenwürdig sterben gehöre untrennbar zum menschenwürdigen Leben, behaupten sie, und dazu gehöre das Recht auf Selbsttötung. Aber was heißt „menschwürdig sterben" wirklich?

„Keine Krankheit und kein Siechtum darf die Würde des Menschen mindern. Kranke Menschen strahlen manchmal mehr Würde aus als gesunde", sagte Gerhard Fischer in einem Interview mit *ideaSpektrum* (Ausgabe 10/2012). Er begleitete seine geliebte krebskranke Gattin auf ihrer letzten Wegstrecke. „Ruth starb strahlend", sagte er. Er hat das Sterben seiner Frau nicht verdrängt, sondern bewusst in sein Leben geholt.

„Die einzig wirkliche Solidarität zwischen Menschen ist die Solidarität gegenüber dem Tod", hat der französische Schriftsteller Albert Camus festgehalten. Dazu gehört der Respekt vor dem, der Leben schafft. Er allein bestimmt die Länge des Lebens. Er ruft: „Kommt wieder Menschenkinder!" So tröstete eine Tochter ihre hochbetagte, sterbende Mutter mit den Worten: „Jetzt kannst du heimgehen, aus meinen Armen in die Arme Jesu."

„Der Tod ist kein Ender, sondern ein Wender", so Paracelsus. Christen glauben nicht an den Tod, sondern an das Leben. Der Tod ist nicht nur der letzte Feind, sondern auch die Schwelle für das neue Leben. Kurz vor seiner Kreuzigung auf Golgatha sagte Jesus zu seinen Jüngern: „Ich lebe und ihr sollt auch leben" (Johannes 14,19). Er starb nicht nur für unsere Sünden; das „Für uns" gilt auch für die Auferstehung.

Der Auferstehung verdanken wir die Hoffnung über Tod und Grab hinaus. Was wir Sterben nennen, ist in Wirklichkeit die Geburt zu einem neuen, herrlichen Leben. Emmanuel Geibel sagte einmal: „Wenn wir das Ufer des diesseitigen Lebens verlassen, liegt ein neues Gewand am jenseitigen Ufer für uns bereit." Doch will ich es nicht verschweigen: Das neue Gewand erhalten nur Versöhnte. Mit dem Leben und Sterben Versöhnte! Das schaffen wir nicht aus uns selbst, sondern nur im Glauben an den, der in seiner Todesqual ausgerufen hat: „Es ist vollbracht!" (Johannes 19,30).

„Lehre uns bedenken, dass wir sterben müssen, auf dass wir klug werden", betet der Psalmist (Psalm 90,12), und im Dom zu Schleswig steht die Inschrift: „Wir müssen täglich sterben, damit wir nicht sterben, wenn wir sterben."

Anhang

Gemeinsame Erklärung

Im Jahre 1967 erlebte der Evangelische Brüderverein eine schmerzliche Trennung. Aus dieser
ging die Vereinigung Freier Missionsgemeinden
hervor. Die Trennungsgründe waren vielfältiger
Art und haben aus heutiger Sicht stark an Bedeutung verloren. Die erweiterten Leitungsgremien
der beiden Bewegungen erklären nach brüderli-
chem Austausch und gemeinsamem Gebet:

› Wir erkennen, dass wir während der Trennungs-
  zeit und auch in den Jahren danach vor Gott und
  aneinander schuldig geworden sind. Wir stellen
  uns unter diese Schuld und bitten Gott und Menschen um Vergebung.
› Wir anerkennen, dass sich das Rad der Geschichte nicht zurückdrehen lässt und beide Bewegungen ihren Weg auch in Zukunft eigenständig
  weitergehen wollen.
› Wir verpflichten uns, lieblose Kritik aneinander zu unterlassen und die Überzeugungen der

andern Bewegung zu achten, auch wenn wir sie nicht gänzlich teilen können.

› Wir ermutigen uns gegenseitig bei der Verkündigung des Evangeliums und beim Aufbau des Reiches Gottes. Gemeinsam sehen wir uns durch die missionarische Situation unseres Landes besonders herausgefordert.

› Wir ermutigen uns gegenseitig, nach dem Willen Gottes zu fragen, nach dem ganzen Ratschluss des Bibelwortes und unter der Leitung des Heiligen Geistes unser Leben zu gestalten, denn das Kommen des Herrn ist nahe.

› Wir beabsichtigen, nach Bedarf Gespräche zu führen mit dem Ziel, sich gegenseitig zu informieren und füreinander zu beten.

› Wir erflehen Gottes gnädiges Wirken an den beiden Bewegungen und einen von seinem Segen begleiteten Weg in die Zukunft.

Einen andern Grund kann niemand legen als den, der gelegt ist, welcher ist Jesus Christus.
1. Korinther 3,11

Bern, den 16. Mai 2009

Literaturhinweise

› Viktor E. Frankl: *... trotzdem Ja zum Leben sagen,* dtv-Taschenbuch
› Thomas A. Harris: *Ich bin ok – du bis ok,* rororo Taschenbuch
› Siegfried Kettling: *Das Gewissen,* TVG R. Brockhaus Verlag
› Timothy Keller: *Es ist nicht alles Gott, was glänzt,* Gerth Medien
› Walter Kohl: *Leben oder gelebt werden,* Integral Verlag
› Edin Løvås: *Wölfe in Schafspelzen,* Brendow Verlag
› Erwin W. Lutzer: *Das 7 x 70 Prinzip,* Christliche Verlagsgesellschaft
› Monika Renz: *Zeugnisse Sterbender,* Junfermannsche Verlagsbuchhandlung
› Heinz Rüegger: *Alter(n) als Herausforderung,* Theologischer Verlag Zürich
› Wilhelm Schlatter: *Biblische Menschenkunde,* Furche Verlag
› Françis Schaeffer: *Das Kennzeichen des Christen,* R. Brockhaus Verlag
› Erich Schick: *Seelsorge an der eigenen Seele,* Brunnen Verlag

- Chris Thurmann: *Lügen, die wir glauben,*
  Gerth Medien
- Paul Tournier: *Echtes und falsches Schuldgefühl,*
  Humata Verlag
- Walter Trobisch: *Liebe dich selbst,*
  R. Brockhaus Verlag
- Philip Yancey: *Gnade ist nicht nur ein Wort,*
  R. Brockhaus Verlag

Samuel Moser

Wer alt werden will …
muss früh damit anfangen

Dies ist ein Buch über Ziele für das dritte Lebensalter. Auch ältere Menschen wollen nicht
nur am Rande des Lebens sitzen und zuschau-
en, sondern mittendrin sein. Samuel Moser beschreibt, wie und wann man anfängt, sich darauf vorzubereiten, wie man den Übergang vom
Berufsleben in den Ruhestand meistert und mit
seinem Partner gemeinsam alt wird, und welche
Möglichkeiten das Alter – die kostbaren Jahre –
bietet.

Taschenbuch, 128 Seiten
Best.-Nr.: 273.881
ISNB 978-3-89436-881-4
EUR (D) 5,90 | EUR (A) 6,10 | SFR 8,90